高等职业教育船舶与海洋工程装备类专业新形态教材

船舶动力设备维修

主　编　闫佳兵　张晓冬
　　　　邵　光
副主编　邵小斌　郑学贵
　　　　闫海国　刘孝刚
主　审　周迓若

北京理工大学出版社
BEIJING INSTITUTE OF TECHNOLOGY PRESS

内容提要

本书以船舶修理企业动力设备及部件维修典型工作任务为基础，按照工作过程理念和任务教学的要求进行编写，通过对典型案例进行剖析，帮助学生在学习的过程中迅速进入职业角色。本书包括5个典型工作项目，共20个任务。每个任务均按照任务规划、学习活动、自我检验与提高、任务考核思路进行编排，系统地对船舶柴油机部件、船舶辅助机械、船舶轴、舵系及螺旋桨故障维修，以及船舶防污染系统及设备改造过程进行介绍。

本书可作为高等院校船舶动力工程技术等相关专业的教材，也可供船舶动力设备维修从业人员参考。

版权专有　侵权必究

图书在版编目（CIP）数据

船舶动力设备维修／闫佳兵，张晓冬，邵光主编．--北京：北京理工大学出版社，2021.6（2021.11重印）
ISBN 978-7-5682-9872-8

Ⅰ.①船… Ⅱ.①闫… ②张… ③邵… Ⅲ.①船舶—动力装置—维修 Ⅳ.①U664.1

中国版本图书馆CIP数据核字（2021）第100695号

出版发行 ／ 北京理工大学出版社有限责任公司
社　　址 ／ 北京市海淀区中关村南大街5号
邮　　编 ／ 100081
电　　话 ／ （010）68914775（总编室）
　　　　　　（010）82562903（教材售后服务热线）
　　　　　　（010）68944723（其他图书服务热线）
网　　址 ／ http://www.bitpress.com.cn
经　　销 ／ 全国各地新华书店
印　　刷 ／ 天津久佳雅创印刷有限公司
开　　本 ／ 787毫米×1092毫米　1/16
印　　张 ／ 12　　　　　　　　　　　　　　责任编辑／阎少华
字　　数 ／ 264千字　　　　　　　　　　　　文案编辑／阎少华
版　　次 ／ 2021年6月第1版　2021年11月第2次印刷　责任校对／周瑞红
定　　价 ／ 38.00元　　　　　　　　　　　　　责任印制／边心超

图书出现印装质量问题，请拨打售后服务热线，本社负责调换

前言 Foreword

为了更好地满足高等教学改革与发展的需要，编者根据中国特色高水平高等院校和专业建设精神，结合目前船舶修理行业需求，积极推行工学结合、校企合作、实境教学的人才培养模式改革，依照船舶动力工程技术专业人才培养方案，针对船舶动力工程技术专业教学需要，紧密结合企业生产实际，以船舶修理企业动力设备及部件维修典型工作任务为基础，以信息化、立体教学资源为载体，编写了本书。

本书注重以就业为导向，以能力培养为主要目的，面向市场、面向社会，体现高等教育的特点，满足船舶动力工程技术专业培养高素质技术技能人才的需要。在编写方法上，本书充分考虑了船舶动力设备维修技能训练的内容与要求，系统地对船舶柴油机部件、船舶辅助机械、船舶轴、舵系及螺旋桨故障维修，以及船舶防污染系统及设备改造过程进行介绍。本书包括5个典型工作项目，共20个任务。每个任务均按照任务规划、学习活动、自我检验与提高、任务考核思路进行编排，其中学习活动按照勘验故障、制定维修方案、实施维修方案、维修完工检验四个步骤有序展开。

本书为工作手册式教材，以说明书的形式供教师和学生随时查阅。本书各任务中串联知识和技能，在理论方面明确了学生应知应会的知识，在实践内容方面说明了维修流程和方法。每一任务设有对应企业实际生产案例，通过对典型案例的层层剖析，总结带有规律性的经验和教训，帮助学生在学习的过程中迅速进入职业角色，明确职业特点和岗位职责，强化主体责任意识，为就业打好基础。

本书具体编写任务分工为：渤海船舶职业学院闫佳兵编写项目二中任务三、四，项目四以及项目五，并进行全书的统稿工作；渤海船舶职业学院张晓冬参与编写项目三中任务一、四～七；渤海船舶职业学院邵光参与编写项目二中任务一、二、五、六；渤海船舶职业学院郑学贵参与编写项目三中任务二；渤海船舶职业学院刘孝刚参与编写项目三中任务三；南通中远海运船务工程有限公司邵小斌参与编写项目一中任务一；山海关船舶重工有

Foreword

限责任公司闫海国参与编写项目一中任务二。中船澄西船舶修造有限公司周迓若审阅了本书的全部内容。本书在编写的过程中参考了大量的书籍,并借鉴了船舶行业标准和船舶修理企业培训资料,在此表示诚挚的谢意。

  由于编者水平有限,书中难免出现疏漏及错误之处,恳请读者和专家批评指正。

编 者

目录

项目一　船舶动力设备现代维修技术及方法　1
- 任务一　分析船舶动力设备故障　1
- 任务二　确定船舶动力设备维修方法　8

项目二　维修船舶柴油机部件　16
- 任务一　维修船舶柴油机气缸套　16
- 任务二　维修船舶柴油机活塞环　26
- 任务三　维修船舶柴油机曲轴　37
- 任务四　维修船舶柴油机气阀　48
- 任务五　维修船舶柴油机喷油器　58
- 任务六　维修船舶柴油机高压油泵　66

项目三　维修船舶辅助机械　74
- 任务一　维修船用离心泵　74
- 任务二　维修船用空压机　83
- 任务三　维修船用制冷压缩机　91
- 任务四　维修船用起货机　98
- 任务五　维修船用分油机　105
- 任务六　维修船用辅助锅炉　116
- 任务七　维修船舶锚机　123

项目四 维修船舶轴、舵系及螺旋桨 ············ 130
任务一 维修船舶轴系 ············ 130
任务二 维修船舶舵系 ············ 142
任务三 维修船用螺旋桨 ············ 151

项目五 改造船舶防污染系统及设备 ············ 160
任务一 改造船舶压载水处理系统 ············ 160
任务二 改造船舶脱硫系统 ············ 172

参考文献 ············ 186

项目一　船舶动力设备现代维修技术及方法

任务一　分析船舶动力设备故障

📋 任务规则

工作任务	分析船舶动力设备故障	教学模式	任务驱动
学时	4学时	教学场地	一体化教室
任务描述	接受任务工单，理解船舶动力设备故障的基本概念，并按照学习目标要求对船舶动力设备故障进行分析		
学习目标	1. 理解船舶动力设备故障的基本概念。 2. 能够根据故障分类依据，确定实际故障类型。 3. 能够根据故障发生前的先兆对故障进行预判。 4. 能够对常见故障模式进行分析。 5. 能对不同时期故障规律进行分析。 6. 能够运用所学知识，正确对故障进行分析。 7. 能够有效与他人进行沟通，团结协作开展工作		
学习任务	1. 任务规划 (1) 人员分组：每小组8~10人； (2) 小组按工作任务作业表进行分析和资料学习； (3) 小组对本任务知识内容进行学习，成员按各自理解充分发表对于船舶动力设备故障分析的学习体会，并结合企业实际生产案例进行讨论； (4) 自我检验与提高； (5) 分析船舶动力设备故障任务评分。 2. 相关资源 船舶动力设备故障案例、故障图片及视频资料等		

📖 知识链接

一、故障的基本概念

故障是指船舶系统、设备、机械或其零部件原有功能的丧失。它是一个广义的丧失功能或功能障碍的状态。

船舶机械(船机)故障是指船舶系统、设备、机械或其零部件规定功能的丧失。

研究船舶动力设备故障应明确以下几点：

(1)规定的对象。不同对象在同一时间可有不同故障状态，如单发电机故障与全船失电。

(2)规定的时间。故障概率随时间延长而增大(年月、运转时间、里程、周期等)。

(3)规定的条件。使用维护条件、人员操作水平、环境条件等不同条件将导致不同故障。

(4)规定的功能。故障是针对具体问题而言的，如机床丝杠损坏。

(5)一定的故障程度。定量地估计功能丧失的严重性。

二、故障的分类

进行故障分类的意义：清晰地显示故障原因、性质和对船舶营运的影响，有利于分清故障责任，认识和排除故障，便于故障统计分析，为改进和维修提供资料(图1-1、图1-2)。

图 1-1　螺栓断裂

图 1-2　连杆变形

1. 按故障对船舶营运的影响分类

(1)船舶不停航的局部故障。船机设备功能部分丧失，可在航行中进行故障处理。如更换主机某缸喷油泵。

(2)船舶短时间停航的重大故障。

停航时间要求：货船小于 6 h，客船小于 2 h。

船机设备功能丧失，必须短时停航后通过船员自修或更换备件等措施排除故障后继续航行。如主机某缸拉缸后停机检修或封缸后继续运行。

(3)船舶长时间停航的全局性故障。造成船舶丧失航行能力的严重故障，必须进厂进行长时间修理。如主机曲轴折断、尾轴或中间轴断裂、螺旋桨损坏或船舶搁浅、船体破损等。

2. 按故障发生和演变过程的特点分类

(1)渐进性故障。船机设备长时间运转，配合件的损耗(如磨损、腐蚀、疲劳和材料老化等)累积使其性能逐渐变坏而发生的故障。这类故障通过连续的状态监测可有效地防止。柴油机活塞环-气缸套的磨损和曲轴-轴承的磨损以及管子腐蚀穿孔等均属此类故障。

(2)突发性故障。因外界随机因素或材料内部的潜在缺陷引起的故障,且无故障先兆,难以预测。如主机自动停车、螺旋桨桨叶折断等。

(3)波及性故障。波及性故障又称二次故障,是指由于某种故障引发的更严重的故障,属无法预测和防止的故障。如连杆伸腿、排气阀阀盘断裂导致增压器损坏。

(4)断续性故障。设备在某一时间呈故障状态,而在另一时间功能又自行恢复的故障,即故障反复发生。如电器开关接触不良。

3. 按故障的原因分类

(1)结构性故障。船机设备因结构设计上的缺陷、计算上的错误或选材不当等导致的故障。如柴油机气缸套上部凸缘根部因设计上受力不当和制造工艺不良引起的凸缘根部多发性裂纹,甚至缸套断裂。

(2)工艺性故障。由于制造、安装质量不佳或质量检验不严等引发的故障。例如,轴系校中安装质量不良引起的轴系振动、轴承发热或过度磨损等。

(3)磨损性故障。在正常工作条件下长期运转产生的故障。由于长期运转,船机零件磨损使其性能参数逐渐达到极限值,船机性能变坏而发生故障。例如,由于过度磨损,活塞-气缸间隙过大而产生敲缸、窜气等故障。

(4)管理性故障。因维护保养不良或违章操作引起的故障。例如,润滑油长期不化验、不更换,变质润滑油引起轴瓦合金熔化的故障。

4. 按故障性质分类

(1)人为故障。由于操作人员管理不良或行为过失引起的故障。这是不容忽视的故障,目前在船上它已占总故障量的80%以上,成为故障的主要原因。

(2)自然故障。由于船舶机械工作环境变坏、使用条件恶劣、结构和材料缺陷、制造和安装不良等造成的故障。

三、故障先兆

故障先兆是除突发性故障外,其他故障在发生前出现的不同形式的信息显示。

1. 船机性能方面

(1)功能异常。表现为启动困难、功率不足、转速不稳、自动停车、剧烈振动等。

(2)温度异常。表现为油、水温度过高或过低,排烟温度过高,轴承发热等。

(3)压力异常。表现为燃油、润滑油、冷却水压力失常,扫气压力、压缩压力和爆发压力不正常等。

(4)示功图异常。柴油机做功不正常,测试出的示功图图形异常,计算出的气缸功率不符合要求。

2. 船机外观显示方面

(1)外观反常。船机运转中油、水、气等有跑、冒、滴、漏等现象。

(2)排烟异常。如冒黑烟、蓝烟或白烟等。

(3)消耗反常。运转中燃油、润滑油和冷却水的消耗量过多,或不但不消耗反而增加。例如,曲柄箱油位增高。

(4)气味反常。在机舱内嗅到橡胶、绝缘材料的"烧焦味",变质润滑油的刺激性气味等。

(5)声音异常。在机舱听到异常的敲击声。如柴油机的敲缸声、拉缸声,增压器喘振声。此外还有螺旋桨鸣声及各种工作不正常的声音等。

四、故障模式

1. 定义

故障模式是指妨害产品完成规定任务的某种可能方式,即产品的故障或失效的表现形式。

2. 机械的三种故障模式

机械具有磨损、腐蚀、疲劳破坏三种故障模式。产品的故障模式可能是单一的,也可能是综合出现的。

常见故障模式见(表1-1):

(1)机械零部件材料性能方面的故障,如疲劳、裂纹、蠕变、过度变形、材质劣化等。

(2)化学、物理状态异常方面的故障,如腐蚀、油质劣化、绝缘绝热劣化、导电导热劣化、熔融、蒸发等。

(3)机械设备运动状态方面的故障,如振动、渗漏、异常噪声等。

(4)多种原因的综合表现,如磨损等。

(5)配合间隙过大或过盈丧失、固定和紧固装置松动与失效等。

表 1-1 常见故障模式举例

序号	设备	常见故障模式
1	活塞连杆机构	疲劳、损耗、冲击、变形、裂纹和折断等
2	齿轮	疲劳断裂、点蚀剥落、熔融烧伤、磨损、塑性变形等
3	滚动轴承	剥落、裂纹、压痕、磨损、烧伤、锈蚀、污斑、蠕变、腐蚀
4	机架、机座	变形、松动、缺损、脱落
5	电器	短路、漏电、电路不通

五、故障率规律

故障率 $\lambda(t)$ 是反映系统、设备、机械或零部件在给定工作时间内由完好状态转向故障状态的概率。

故障率规律是指故障率与时间的规律关系,其曲线称故障率规律曲线。

典型故障规律曲线是浴盆曲线,如图1-3所示,按故障发生的时间分为早期故障期、偶然故障期和耗损故障期三个阶段。并非所有的机械、设备等产品的故障率规律都是呈浴盆曲线关系。

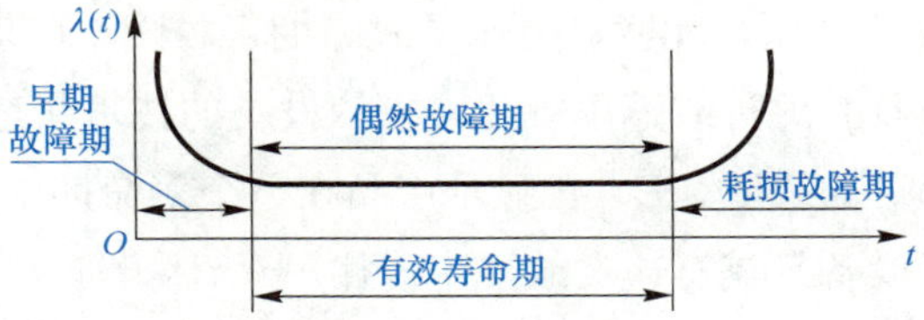

1. 早期故障期

早期故障期是船机投入使用的初期，又称磨合期。

特点：开始故障率较高，然后随时间延长迅速下降。

故障原因：由设计制造缺陷及操作不熟练、不准确和使用重要任务不相适应引起。

图 1-3　浴盆曲线图

处理方法：通过调试、磨合、修理和更换有缺陷的零件能有效降低故障率。

2. 偶然故障期

偶然故障期又称随机故障期或正常使用期。

特点：运转稳定，故障率低且近于恒定，与使用时间关系不大。

故障原因：主要是设计、制造中的潜在缺陷、操作差错、维护不良和环境因素等偶然因素引起的随机故障。不能通过调试消除，也不能用定期更换零件的方法来预防。随机故障难以预测。

处理方法：规范操作，保证工作条件，加强维护和保养。

随机故障期较长，是船舶机械的主要使用期，也是进行可靠性评估的时期。

3. 耗损故障期

耗损故障期是船机使用寿命的后期，又称晚期故障期。

特点：故障率随时间的延长迅速增高。

故障原因：由磨损、腐蚀、疲劳和老化等因素引起。

处理方法：应在该阶段出现前进行修理或更换备件，力求推迟故障期的到来。

统计分析表明，机械设备的规律曲线除浴盆曲线外还有如图 1-4 所示的 6 种曲线。

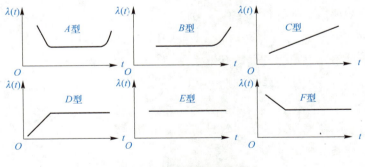

图 1-4　各种故障率曲线

曲线 A、B 有明显的耗损故障期，通常显示机械设备发生磨损、疲劳和材料老化等故障，可采用定时维修方式延长使用寿命。往复式发动机的气缸、轴承，船体和飞机机体等大量单体部件都具有此种故障规律。

曲线 C 无明显的耗损故障期，故障率随时间延长缓慢增加。航空涡轮发动机等机械设备具有此种故障率规律，可依设备的技术状态确定检修时间。

曲线 D、E、F 显示产品在整个寿命期中故障率为常数，无须进行定时维修。复杂的电子设备等具有这类故障率规律。

六、故障的人为因素

船舶是典型的由机械设备与船员组成的人机一体化系统。船舶的综合可靠度取决于船体、动力装置的固有可靠度和船员的工作可靠度。

统计资料表明，船舶机损、海损事故的 80% 以上是人为因素造成的，包括船员素质低、不适任或操作失误等。

措施：制定 ISM 规则，修订《船员培训、发证和值班标准国际公约》《STCW 公约》）的措施，以提高船员的专业知识和技术水平。控制人为因素影响船舶航行安全的相关国际公约如下：

(1)《国际海上人命安全公约》《SOLAS 公约》）：主要针对船舶设备安全及操作安全。

(2)《国际安全管理规则》《ISM 规则》）：针对船、岸人员行为的安全管理体系。

(3)《船员培训、发证和值班标准国际公约》《STCW 公约》）：针对船员适任能力要求。

• 自我检验与提高

一、单项选择题

1. 具有明显的（　　）故障期及（　　）故障期足够大的机械和设备适于采用定时维修方式。

　　A. 早期　耗损　　　B. 偶然　耗损　　　C. 耗损　偶然　　　D. 耗损　早期

2. 柴油机连杆伸腿属于（　　）性故障。

　　A. 磨损　　　　　　B. 波及　　　　　　C. 连续　　　　　　D. 结构

3. 船舶机械渐进性故障的特点是（　　）。

　　A. 无法预防　　　　　　　　　　　　　B. 与运转时间无关

　　C. 故障发生的概率与机器运转时间有关　D. 渐进的，不突然

4. 对于柴油机气缸、轴承其故障规律是（　　）。

　　A. 浴盆曲线

　　B. 无明显的耗损故障期，故障率随时间缓慢增加

　　C. 无早期和耗损故障期

　　D. 只有偶然故障期

5. 主机某缸发生严重拉缸，该故障属于（　　）。

　　A. 不停航的局部故障　　　　　　　　　B. 短时间停航的重大故障

　　C. 长时间停航的全局性故障　　　　　　D. 厂修故障

6. 属于船舶长时间停航的全局性故障的是（　　）。

A. 螺旋桨失衡 B. 主机曲轴轴套滑移
C. 主机某缸拉缸 D. 增压器不能工作

7. 属于故障发生和演变的过程引发的故障是（ ）故障。

A. 磨损性 B. 结构性 C. 渐进性 D. 管理性

二、简答题

1. 什么是船舶动力设备故障？
2. 根据对船舶营运的影响，故障可以分成哪几类？
3. 船舶动力设备故障发生前，在性能方面显现的先兆有哪些？
4. 故障规律按照故障发生的时间可分为哪几个阶段？分别具有什么特点？

任务考核表

评价模块	评价内容	评价等级	综合评价
自我评价(20%)	通过本次任务学习，我学到的知识点和技能点：_____		
	不理解的：_____		
	我认为在以下方面还需要深化学习，并提升岗位能力：_____		
组内互评（30%）	按时上课，工装齐备，书、笔齐全		
	安全操作，责任心强，7S管理规范		
	学习积极主动，合理使用教学资源，主动帮助他人		
	接受工作分配，有效沟通，高效完成工作任务		
教师评价（50%）	评语：		

学习笔记：

任务二 确定船舶动力设备维修方法

任务规则

工作任务	确定船舶动力设备维修方法	教学模式	任务驱动
学时	4学时	教学场地	一体化教室
任务描述	接受任务工单,掌握船舶维修的主要工作内容,按照学习目标要求正确选择船舶动力设备维修方法,并说明修理过程		
学习目标	1. 了解维修科学的建立与发展过程。 2. 能够正确选择船舶动力设备维修方法。 3. 掌握船舶维修的主要工作内容。 4. 能够根据船舶修理的内容及类别,对修理过程进行说明。 5. 能够有效与他人进行沟通,团结协作开展工作		
学习任务	1. 任务规划 (1)人员分组:每小组8~10人; (2)小组按工作任务作业表进行分析和资料学习; (3)小组对本任务知识内容进行学习,成员按各自理解充分发表对于船舶动力设备维修方法和维修内容的学习体会,并结合企业实际生产案例进行讨论; (4)自我检验与提高; (5)确定船舶动力设备维修方法任务评分。 2. 相关资源 船舶动力设备故障维修案例、故障维修图片及视频资料等		

知识链接

一、维修科学的建立与发展

维修是对船舶机械和设备维护与修理的统称。维护(或称技术保养),是为了保持船舶机械和设备的技术性能正常发挥所采取的技术措施;船舶修理(或称修船),是当船舶机械和设备的性能下降、状态不良或发生故障而失效时,为了保持或恢复其原有的技术性能所采取的技术措施。

维修科学是一门独立的综合性的通用科学。它具有以下特性:
(1)独立性:独特的研究对象和独特的理论基础。
(2)综合性:将许多相关学科知识和技术应用于维修工作。

(3)通用性：它的基本理论适用于各行业各种设备的维修。

维修科学以可靠性理论与可维修性理论作为重要的理论基础。

(1)可靠性理论：研究故障规律的理论。

(2)可维修性理论：研究如何易于发现和排除故障的理论。

二、维修思想的发展

1. "事后维修为主"的维修思想

机械设备出现故障后才进行修理，属非计划性维修，主要出现在产业革命初期。

2. "以预防为主"的维修思想

以机械磨损规律为基础，以磨损曲线的第三阶段起点为时间界限，进行定期预防维修。

3. "以可靠性为主"的维修思想

在"以预防为主"的维修思想基础上，以视情维修为主要方式，通过状态监测和逻辑分析，以最低的费用维持机械设备固有可靠性。

三、维修科学的内容

维修科学的理论基础包括共同基础理论、技术基础理论、维修基础理论。

维修科学的专业学科包括维修设计、维修技术、维修管理。

1. 维修设计科学

良好的设计和制造是在使用阶段获得高效、低耗的最佳维修的客观基础。

维修设计科学的内容包括可靠性设计、可维修性设计、综合技术保障设计和费用效益分析。

2. 维修技术科学

维修技术科学是直接用于船舶机械设备故障维修时的各种维修技术的总称。

船舶维修技术主要由检测技术和修理工艺两部分组成。

维修技术科学的内容包括无损检测技术、状态监测技术、故障诊断技术、修理工艺和技术、计算机应用技术等。

3. 维修管理科学

维修管理科学是对现代船舶维修活动进行科学管理和组织的学科。

船舶维修管理是从维修的全系统和船机设备的全寿命出发，运用管理科学的理论和方法，结合船舶维修的特点和规律，对船舶维修工作进行总体决策和规划。

维修管理科学的内容包括维修计划管理、维修技术管理、维修经济管理、维修信息管理、维修质量管理和维修设备管理等。

四、现代维修的主要特征

现代维修科学是以现代科学技术为基础，由多门学科综合而成的维修理论。

1. 现代船舶维修的特征

(1) 由分散维修转向综合维修：由使用阶段的维修转变为全寿命维修。
(2) 由经验维修转向理论维修：采用视情维修与定时维修相结合的维修方式。
(3) 由单件维修转向工业化维修：即实现维修工作的机械化和批量生产。
(4) 由传统维修转向智能维修：广泛采取故障监测、诊断、计算机等智能化技术。

2. 现代维修的发展趋势

随着状态检测和故障诊断技术的发展，视情维修将成为效率最高的维修方式。
新的维修技术和零件修复技术将进一步提升维修效率、降低维修成本、延长寿命。
计算机信息管理系统的发展将使维修管理水平进一步提升。

五、全寿命维修的内涵

产品全寿命是从产品设计论证到产品被淘汰报废的全寿命过程。
产品的全寿命周期通常由论证、设计、制造、使用、淘汰五个阶段组成。
现代维修是对机械设备或零部件进行全寿命维修。全寿命维修的核心思想是要求产品在全寿命周期内所耗费用最少，如图1-5所示。

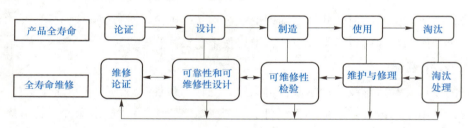

图 1-5　全寿命维修的内涵

六、现代预防维修方式

预防维修是指为了防止机械设备发生故障，在故障发生前有计划地进行一系列的维修工作。
现代预防维修主要采用以下三种维修方式：定时维修方式、视情维修方式、事后维修方式。

1. 定时维修方式

定时维修是按照规定的时限（或期限）对机械、设备进行拆卸、检验和维修，以防止故障的发生。
定时维修应具备以下条件：
(1) 故障率曲线有明显的耗损故障期，如图1-4中A、B型故障率曲线，不适于发生偶然性故障的设备。
(2) 设备的无故障生存期要足够长，即正常使用期较长，否则无维修的必要。
(3) 采用其他任何维修方式均不适宜的设备。
定时维修具有以下特点：针对性和准确性不高，有时不仅无效，甚至有害；可靠性不是很高，维修工作量大、费用高；对设备的监控是阶段性的和不连续的。

定时维修是现代预防维修中不可缺少的维修方式。

2. 视情维修方式

视情维修或称按状态维修，是指对机械、设备不确定维修期，而是通过不断地监控设备的运转状况和定量分析其状态资料，按照实际情况来确定维修时间，从而避免故障发生。

视情维修应具备以下条件：

(1)设备的故障率曲线应具有进展缓慢的耗损故障期，以便监测到故障信息后来得及采取防止故障发生的措施。

(2)具有能够反映设备技术状态的参数、参数标准或标准图谱，以便准确地诊断设备的故障。

(3)具有视情设计的设备结构，为进行视情维修提供必要的条件，如设备上有安装传感器的孔、口等。

(4)以现代化的监控手段和故障诊断技术为基础，因此需具备先进的原位无损检测装置及与电子计算机相连的终端显示装置等，以进行保护、预警，防止故障发生。

视情维修具有以下特点：维修的针对性强；可有效地预防故障和充分地利用设备的工作寿命；维修工作量和费用均少。

视情维修方式是理想的预防维修方式。

3. 事后维修方式

事后维修是在设备发生故障后才进行的维修，但事后维修绝非等待故障的发生。

事后维修方式适用于故障不直接危害使用安全且仍保持基本功能的设备，或采用预防维修不经济的耗损性设备。

事后维修方式是一种非预防性的维修方式，是预防维修体系的补充。

4. 船舶动力装置维修方式的选用

(1)一般应选用视情维修方式或定时维修方式。

(2)其发生不危及安全的故障，即偶然性故障时采用事后维修方式。

(3)经过精确计算有规定使用寿命的零部件或设备采用定时维修。

(4)大多数设备和零部件逐步采用视情维修与定时维修相结合的方式。

(5)一个复杂设备中的不同项目，可依具体情况分别选用不同维修方式；同一项目可采用一种或多种维修方式。

七、船舶维修工作内容

船舶维修工作包括船舶维护与保养(或称技术保养)及船舶修理两部分。

1. 维护与保养

维护与保养是为保持船舶机械设备的技术性能正常发挥所采取的技术措施。

维护与保养工作是轮机员日常工作的主要内容，能延长船舶寿命，提高船舶营运率和船员技术水平，保证船舶航行安全。

轮机员应按照《STCW公约》《CWBT》及《远洋船员职务规则》的要求完成船舶维修工作。

2. 船舶修理

船舶修理是当船舶机械设备性能下降、状态不佳或故障失效时，为保持或恢复其原有技术性能而采取的技术措施，一般分为船员自修和船厂修。

（1）船员自修。自修的目的是摸清技术状况，对及时消除隐患、节约修理费用、缩短修理周期、延长船舶寿命、提高船员技能和保证船舶安全都具有重要作用。

①船员自修分为营运期间的自修和厂修期间的自修。

②营运期间的自修是船员在完成预防检修的前提下，按船公司的安排，根据船员实力和备件情况完成部分厂修工程。其不占营运时间，主要在船舶停泊期间进行。

③厂修期间的自修是在船舶厂修期间应适当安排船员进行的自修项目，以配合船厂共同完成修船任务，缩短修期，节约修理费用。

④厂修期间的自修工程与厂修工程不得相互干扰，应保证自修工程的质量和按期完成，并由船舶领导或监修代表验收。

（2）船舶厂修。船舶由于技术状况不良、发生危及船舶安全的严重故障、船级检验项目不合格等，且船员又无力自修时必须进厂修理。

船舶随着船龄的增长，由于机械设备的磨损、腐蚀、疲劳和材料的老化等，使船舶技术状况不可避免地下降，必须通过有计划地进厂修理恢复船舶正常营运、安全航行的技术状况。

营运船舶的技术状况分四种类型：

①技术状况良好：可保证船舶正常营运，符合安全营运条件。

②技术状况尚好：船舶可正常营运，基本符合安全营运条件。

③技术状况不良：船舶勉强航行，经修理才能正常营运。

④技术状况严重不良：不具备安全营运条件。

（3）船舶厂修类别。

①按交通运输部规定可分为以下几类：

a. 航修：船舶航行期间发生的零部件的过度磨损或一般性事故，当影响航行安全而船员又不能自修时，由修船厂或航修站来修理。

b. 小修：小修的间隔期一般客货船为12个月、远洋货船为12~18个月。如船舶技术状况良好并经验船师认可，可延长6个月，但不超过12个月。小修的目的是按规定周期结合坞内检验和年度检验对船体、主副机等主要设备进行不拆开或少拆开的重点检验，修复过度磨损件，保证安全航行至下次计划修理。

c. 检修：在2~3个小修后结合特别检验，拆开必要的机器设备，对船体和全船主要设备、系统进行较全面的检查，使主要设备和系统安全运转至下次检修。

②按航运企业规定可分为以下几类：

a. 航修：属临时性修理，不编修船计划。主要解决营运中的局部故障。影响航行安全而又不能自修的工程，由船厂或修船队等利用船舶在港期间进行修理，不影响船舶营运。

b. 计划修理(包括检修)：一般每5年进行一次，5年中进行一次特检和一次计划修理。两次计划修理之间进行一次坞修。

　　c. 事故修理：船舶发生事故后，应依据损坏情况和船舶检验机构的要求进厂修理。

(4)修船原则。

　　①船舶修理应以恢复机械、设备的原有性能为目的，并以船舶的使用年限为重要依据。船舶种类和船龄不同对其修理的要求也不一样。例如，某(集团)总公司对于各类船舶的使用年限规定：

杂货船、多用途船	20～25年
散货船、木材船、滚装船、集装箱船和客船	15～20年
油船	10～15年
化学品船、液化气船和天然气船	8～12年

　　a. 超过上述规定的船舶则为老龄船。对于不同船龄的修理要求如下：

　　b. 船龄在10年以内的较小船龄的船舶，修理后应保持原设计性能；

　　c. 船龄在10年以上的较大船龄的船舶，修理后应保证营运安全和计划使用年限；

　　d. 计划在特检期内退役的船舶，即老龄船舶进行维持性修理，维持船级的最低要求，同时采取适当减载和限制功率的措施，以保证船舶的强度和航行的安全。

　　②远洋船舶应按入级标准进行修理，如为达到原入级要求而修理范围过大，经济论证又不合算时，应按改变入级航区或改为沿海使用的要求进行修理。

　　③坚持日常保养与计划修理、船员自修与厂修结合的原则。鼓励船员自修，逐年扩大自修范围和确保自修质量。船舶重大修理、设备更新和技术改造项目应进行技术和经济论证，并报公司审批。

　　④保证修船质量，缩短修船时间和降低修船费用。完成修理单上预定的修理项目，保证修理质量，达到相应的规范、标准或说明书的要求。修船厂对修理质量负责。要求修船质量保修期，固定件应为6个月，运动件应为3个月。

　　⑤修船应本着节约的精神，节省修船费用和缩短修船时间。它对增加企业营运收入和降低运输成本有直接的影响。

(5)修船准备。

　　①编制修船计划：分为年度、季度、月度计划。

　　②编制修理单：修理单上列出船舶修理工程的项目、程度、范围和要求，是修船的重要文件和船厂修船的依据。编制修理单的依据和要求：按坞修、甲板、轮机和电气四部分分别由相应的责任船员编制，大管轮汇总，轮机长审定。

　　③修船备件和物料的准备。

(6)监修和验收。

　　①监修。监修人员为公司机务部门监修代表、船上大副、轮机长。

主要监修内容如下：

　　a. 监修人应监督船厂按修理单的修船项目、范围、进度和要求施工；

b. 监督材料、工艺和安装质量等是否符合技术要求；

c. 施工中有无因船厂责任引起的机器部件和设备的损坏；

d. 施工中有无不安全因素可能引起火灾或其他的危险，必要时有权停止施工并报告有关人员；

e. 做好必要的修理数据与情况的记录，为验收做准备。

②验收。

a. 对船检机构检验的项目应申请验船师检验；

b. 单项修理工程完工或试验后，由轮机长检查认可；

c. 全部修理工程完工后，根据修理范围决定试航或码头试车。试航时由双方共同提出试航大纲，明确试航时的安全责任。试航中的问题，凡厂方修理项目均应由船厂负责修理。

• 自我检验与提高

一、单项选择题

1. 船舶修理是以（　　）为重要的依据。

   A. 船舶损坏情况　　B. 修理要求　　C. 修理内容　　D. 船舶使用年限

2. 修理单应依船上的工作分别编制，轮机员负责编制的是（　　）。

   A. 甲板、轮机　　B. 轮机、电气　　C. 坞修、甲板　　D. 电气、坞修

3. 船舶营运中发生局部过度磨损或一般性事故，影响航行安全而船员难以自行修复，必须由船厂修理的工程，属于（　　）。

   A. 小修　　B. 航修　　C. 检修　　D. 事故修理

4. 按照规定周期结合坞内检验和年度检验，对船体和主、副机等主要设备进行不拆开或少拆开的重点检验。修复过度磨损件，保证船舶安全营运到下次计划修理，这种修理属于（　　）。

   A. 小修　　B. 航修　　C. 检修　　D. 事故修理

5. 经过2～3个小修以后结合特别检验，拆开必要的机器设备，对船体和全船的各主要设备及系统进行一次比较全面的检查，使主要设备和系统安全营运到下次检修，这种修理属于（　　）。

   A. 中修　　B. 航修　　C. 检修　　D. 事故修理

6. 船员自修一般不占用营运时间，而是利用（　　）时间进行。

   A. 停泊　　B. 厂修　　C. 检修　　D. 航修

7. 我国远洋运输总公司规定的船舶修理类别为（　　）。

   A. 小修、中修和大修　　B. 航修、小修和检修

   C. 航修、计划修理和事故修理　　D. 坞修、小修、中修和大修

8. 我国交通运输部现行规定的船舶修理类别为（　　）。

A. 小修、中修和大修 　　　　　　B. 航修、小修和检修
C. 航修、中修和大修 　　　　　　D. 坞修、小修、中修和大修

9. 船龄在 10 年以上的船舶，修理后应（　　）和（　　）。

A. 恢复原设计性能　安全航行　　B. 恢复原设计性能　保持船级
C. 保持船级　计划使用年限　　　D. 保证安全营运　计划使用年限

二、简答题

1. 什么是全寿命维修？
2. 现代预防维修应采用哪些维修方式？
3. 采用定时维修的设备应具有哪些条件？
4. 采用视情维修的设备应具有什么条件？

● 任务考核表

评价模块	评价内容	评价等级	综合评价
自我评价(20%)	通过本次任务学习，我学到的知识点和技能点：_____		
	不理解的：_____		
	我认为在以下方面还需要深化学习，并提升岗位能力：_____		
组内互评(30%)	按时上课，工装齐备，书、笔齐全		
	安全操作，责任心强，7S管理规范		
	学习积极主动，合理使用教学资源，主动帮助他人		
	接受工作分配，有效沟通，高效完成工作任务		
教师评价(50%)	评语：		

学习笔记：

项目二　维修船舶柴油机部件

任务一　维修船舶柴油机气缸套

📋 任务规则

工作任务	维修船舶柴油机气缸套	教学模式	任务驱动
学时	4学时	教学场地	船舶柴油机实训室
任务描述	某船舶主机为MAN B&W6S50B机型，在开航前冲车过程中发现第一缸示功考克有少量水冲出，紧急打开第一缸扫气箱道门检查发现有水迹。由于引水已经上船，在轮机长和船长评估后决定封缸进港，在船舶靠好码头后立即组织人员对第一缸进行吊缸检查，发现气缸套内表面上部有纵向贯穿裂纹，长度260 mm。根据检测的数据和船东协商采用将气缸套吊出舱进行修理或换新		
学习目标	1. 了解船舶柴油机气缸套检修要求。 2. 掌握船舶柴油机气缸套故障检查与修理方法。 3. 能正确对船舶柴油机气缸套进行安装。 4. 能正确对船舶柴油机气缸套进行检查和维修。 5. 树立安全意识和团队合作意识		
学习任务	1. 任务规划 (1) 人员分组：每小组8~10人； (2) 小组按工作任务作业表进行分析和资料学习； (3) 小组经过讨论制定维修方案，每小组选派一人进行方案讲解，经过全体同学讨论，确定最佳实施方案； (4) 任务实施：船舶柴油机气缸套故障勘验、船舶柴油机气缸套维修、船舶柴油机气缸套装配、船舶柴油机气缸套维修完工检查； (5) 自我检验与提高； (6) 维修船舶柴油机气缸套任务评分。 2. 相关资源 可拆装船舶柴油机，船舶柴油机说明书，拆装、测量工具等		

学习活动

一、勘验船舶柴油机气缸套故障

班级_____ 姓名_____ 学号_____ 日期_____

(一)学习与工作目标

(1)能确认船舶柴油机气缸套实际的故障现象;
(2)建立初步故障维修思路。

(二)学习与工作过程

(1)按照操作规范要求拆除柴油机第一缸气缸套。
(2)勘验船舶柴油机气缸套,确定故障原因。
①检查气缸套内表面有无异常磨损、咬缸印痕、拉痕、裂纹及其他机械损伤。
②检查内壁镀铬层有无剥落、刮伤及黑疤。
③检查气缸套注油器孔及油槽是否畅通。
④检查注油管接头平面密封面及螺纹是否完好。
⑤检查气缸套外侧冷却水腔表面和密封圈环槽的腐蚀面积和深度,有无裂纹。
⑥检查气缸套支承凸肩端面和根部有无腐蚀、裂纹及贯穿密封面的伤痕。
⑦检查气缸套与气缸盖接合端面有无裂纹和贯穿密封面的伤痕。
⑧测量气缸套内径尺寸、圆度和圆柱度。
⑨二冲程柴油机应重点检查中部气口附近有无裂纹和其他缺陷。
(3)填写船舶柴油机气缸套故障勘验报告(表2-1)。

表2-1 船舶柴油机气缸套故障勘验报告

设备基本信息	
故障现象	
故障原因分析	
故障排除措施	
预计所需备件器材	
故障勘验的注意事项	

(4)故障确认。根据船舶柴油机气缸套勘验报告,对其故障进行说明。

二、制定船舶柴油机气缸套故障维修方案

班级_____ 姓名_____ 学号_____ 日期_____

(一)学习与工作目标

(1)能根据船舶柴油机气缸套故障勘验结果制定维修方案;
(2)能够展示学习成果并相互评价。

(二)学习与工作过程

根据任务要求,确定所需要的知识、设备、工具,并对小组成员进行合理分工,制定完成船舶柴油机气缸套维修任务的详细方案。

1. 船舶柴油机气缸套维修要求

(1)检查气缸套的磨损,其直径最大增量、圆度、圆柱度不超过表2-2的规定,可继续使用。

(2)内径增量不超过表2-2的规定,而圆度及圆柱度超过规定的气缸套可翻新。

表2-2 气缸套内径、圆度、圆柱度　　　　　　　　　　　　mm

气缸套内径	内径增量	圆度、圆柱度	
		标准范围	允许极限
700～800	5.00	0.04	0.60
800～900	5.70	0.04	0.65
900～1 000	6.40	0.05	0.70
1 000～1 100	6.80	0.05	0.75

(3)内孔表面纵向拉痕,若宽度不超过内径的0.2%,深度不超过内径的0.05%,拉痕总数不超过3条,且两条拉痕间隔不小于50 mm,则可进行珩磨或手工磨光,使拉痕表面光滑圆顺后继续使用。

(4)气缸套内孔表面的气孔、缩孔、砂眼、夹渣和机械损伤等缺陷不得超过表2-3的规定。

表2-3 气缸套内孔缺陷　　　　　　　　　　　　mm

气缸套内径	允许存在的缺陷				备注
	上部2/3处受力区		非受力区		
	缺陷直径	缺陷深度	缺陷直径	缺陷深度	
85～300	1	0.5	3	2	0
300～500	2	1	4	2	
500～800	3	1.5	5	3	
800～1 000	4	2	6	3.5	

2. 气缸套的测量

轮机员在定期检修工作中，要测量气缸套，以便了解磨损情况，掌握磨损规律，对气缸套的技术状态做到心中有数。一般采用内径千分尺或内径百分表，分别在气缸套内确定的部位上进行同一截面内首尾方向（y-y）和左右舷方向（x-x）的缸径测量。

缸径测量部位，对中小型柴油机来讲，通常在以下四个位置：

(1) 当活塞在上止点时第一道活塞环对应的气缸套位置；
(2) 第一道活塞环在行程中点时所对应的气缸套位置；
(3) 最后一道刮油环在行程中点时所对应的气缸套位置；
(4) 当活塞在下止点时最后一道刮油环所对应的气缸套位置。

对于大型低速二冲程柴油机气缸套，因为行程较长和有气口，所以除上述四点测量位置外，应根据相邻两个测量点间的距离大小，适当增加测量点，并在气门上下方增加两个测量点，具体参见主机说明书。B&W型柴油机部分机型气缸套磨损测量位置见表2-4。

表 2-4　B&W型柴油机部分机型气缸套磨损测量位置

位置	机型	
	K84EF、K74EF、K62EF、84－VT2BF－180、J4－VT2BF－160、62－VT2BF－140、50－VT2BF－110	K98EF
1	活塞在上止点第一环的中央	活塞在上止点第一环的中央
2	活塞在上止点第三环的中央	活塞在上止点第三、四环的中央
3	活塞在上止点第五环的中央	—
4	—	在上止点45°曲柄转角处，第一环中央附近
5	在上止点以下1/3行程处，第一环中央附近	在上止点以下1/3行程处，第一环中央附近
6	—	注油孔附近
7	扫气口上部附近	扫气口上部附近
8	扫气口中央	—
9	扫气口下部附近	—
10	活塞在下止点第六环下部附近(用于确定气缸直径)	—

为了使每次测量都在确定的位置上进行，以保证测量的准确性和便于各次测量数据的比较，船上配有样板来定位。测量前，先把测量点标准样板放入气缸套规定位置。

测量前，气缸套内圆面的清洁尤为重要，一定要用抹布擦干净，以免引起附加误差。

测量前，需先进行内径量尺的装配和调校。按所要测量的缸径选用合适的可换标准量杆，在标准量杆上装千分尺。把内径量表带有标准量杆的一头固定在样板的测量点孔中，另一只手握住带有千分表的一头，左右、上下移动量杆千分表端，同时转动千分尺调节螺杆，在水平向同一表面找最大值，在垂直向找最小值，锁住千分尺读数，缸径则为标准量杆尺寸加内径千分尺读数。分别测量规定测量点的前后和左右缸径值，并记录。气缸套的测量示意图如图 2-1 和图 2-2 所示。

图 2-1　气缸套的测量(一)

图 2-2　气缸套的测量(二)

气缸套圆度和圆柱度的计算如下：

柴油机说明书维修与保养大纲要求 8 000 h 对气缸套进行一次检验，此外每当吊缸时均应检查气缸套的磨损情况。气缸套的磨损情况可通过计算气缸套的圆度、圆柱度和内径增大量来进行判断。

(1)圆度：同一测量环带上和 y-y 方向上两相互垂直直径上的半径差值为圆度，取 3 个环带最大的差值为最大圆度。

(2)圆柱度：沿 y-y 方向不同环带上最大与最小直径上的半径差值为圆柱度，取其最大差值为最大圆柱度。

(3)内径增大量：内径测量的最大值和气缸套标准尺寸之间的差。

大型低速柴油机铸铁气缸套的正常磨损率小于 0.1 mm/kh，镀铬气缸套正常磨损率为 0.01～0.03 mm/kh。

国家标准规定气缸套磨损极限见表 2-5。当气缸套磨损量不大，未超过说明书上的要求或标准规范时，可在船上由轮机管理人员自行修理。

表 2-5　气缸套内孔磨损极限　　　　　　　　　　　　　　　　　　　mm

气缸套内径	内径增量	圆度、圆柱度
85～200	0.60	0.10
200～300	1.00	0.15

续表

气缸套内径	内径增量	圆度、圆柱度
300~400	1.50	0.23
400~500	2.00	0.28
500~600	3.00	0.35
600~700	4.00	0.45
700~800	5.00	0.60
800~900	5.70	0.65
900~1 000	6.40	0.70
1 000~1 100	6.80	0.75

3. 船舶柴油机气缸套维修方法

航行期间气缸套裂纹不太严重且较为分散时，可采用波浪键和密封螺栓扣合法修理，效果较好；当裂纹比较严重或已经裂穿时，应该更换，航行中气缸套裂纹没有备件时可以封缸运行。

(1)轮机员自修。当气缸套磨损后各项指标均未超过说明书或标准的要求，只是气缸套内圆表面有轻微拉擦伤且较为分散时，可在船上由轮机员自修予以修复。

①轻微纵向拉痕(宽≤0.2%D、深≤0.5%D、数量≤3 条，D 为缸径)可用砂纸或油石打磨，使拉痕表面光滑后继续使用。当气缸套内圆表面纵向拉痕超过上述规定时，则应送厂采用机加工方法予以消除或减轻。

②较轻擦伤(深度<0.5 mm)时可采用油石、锉刀或风砂轮等手工消除，使表面光滑后继续使用。

(2)修船厂修复。气缸套产生较大拉痕、擦伤、磨台和过度磨损，航行中气缸套裂纹没有备件时可以封缸运行，后续拆下气缸套送修船厂修复，主要方法如下：

①镗缸修复。气缸套内圆表面产生较大拉痕、擦伤和磨台，或者气缸套的圆度、圆柱度超过标准，但内径增量尚符合标准时，采用机械加工(即镗缸)消除其表面损伤和几何形状误差，但镗缸后的内径增量仍应在标准之内。镗缸属于粗加工和半精加工，其目的是去除磨损造成的几何形状误差并得到基本尺寸精度。镗缸应在专门的镗缸机上进行，镗缸机有立式和移动式两类，移动式镗缸机体积小、重量轻，携带和使用方便。

②修理尺寸法修复。当气缸内径增量超过标准时，可在保证气缸套壁厚强度的前提下进行镗缸，消除气缸套内圆表面的几何形状误差和拉痕、擦伤、磨台等损伤，再依镗缸后的缸径配制新的活塞组件，以恢复气缸套与活塞之间的配合间隙。

③恢复尺寸法修复。当气缸套内径增量超过标准时，先镗缸消除气缸套内圆表面的几何形状误差和表面损伤，再根据气缸壁厚度要求确定需要增加的厚度，可选用镀铬、镀铁或镀铁加镀铬的工艺，也可采用喷涂方法，恢复气缸套原有的直径及与活塞之间的配合

间隙。

4. 根据勘验报告，制定船舶柴油机气缸套故障维修方案

(1)船舶柴油机气缸套故障维修方案：_____
_____

(2)所需要的知识、设备、工具：_____
_____

(3)小组人员分工(表2-6)：

表 2-6　工作岗位人员分工表

工作岗位	人员姓名
主修人员	
辅修人员	
工具管理	
零件摆放	
安全监督	
质量检验	
7S 监督	

三、实施船舶柴油机气缸套故障维修方案

班级_____　姓名_____　学号_____　日期_____

(一)学习与工作目标

(1)能够根据已制定的维修方案排除故障。
(2)能够总结排除故障思路并相互评价。

(二)学习与工作过程

(1)按照制定的故障维修方案维修船舶柴油机气缸套。
(2)总结故障的排除思路。
故障的排除思路：_____。
(3)其他组的思路给我们的启示。
启示：_____。
(4)气缸套的回装。气缸套装复前应准备好常用的工具，检查起吊气缸套的起重设备是否正常等。气缸套拆卸前所做标记的认定是指示其安装方向、相位的关键所在。

气缸套装复前还要对气缸体上凸台和内部空间进行清洁，特别是气缸套密封处，要保

证其清洁和光滑，并涂抹牛油，如图 2-3 所示。

图 2-3　气缸套的清洁

对气缸套凸肩下缘和凹槽肩间的紫铜垫圈，应更新；若无备件更新，旧件应进行退火处理后再用。对金属垫床、垫圈应按说明书的要求涂抹规定的密封胶剂。

O 形密封橡胶圈应换新，无备件更换时一定要检查其弹性及表面有无损伤、凹痕等，否则不能使用。

对密封垫片的接触面、O 形密封圈的环槽应清理干净，锈垢应铲除，表面用砂纸打光；缸套外圆表面涂一层薄的防锈漆。

O 形密封圈应平顺地装入圈槽，一定要平整，不能扭曲，圈外圆高出气缸套下配合肩外圆的值应符合说明书的要求，不能过大或过小，过小则密封不良，过大则会使气缸套变形而在工作中损坏。

为了便于 O 形密封圈顺利进入机架，装好 O 形密封圈后，在其表面涂一层润滑脂。

上述准备工作就绪后，即可将气缸套吊起放入机体的气缸套孔。注意定位销或定位凸台一定要对准销孔或凹槽，并且完全落入。对于大型气缸套一定要由其自重落入缸体，不允许强行压入。

气缸安装时，要特别注意和缸盖、气缸体连接的冷却水套管的定位是否准确，待缸盖等全部安装完毕后，需水压试验其密封性是否良好。经检查气缸套装复到位后，再重新装复好气缸油注油器等附件。

气缸检修检查完毕。

四、船舶柴油机气缸套故障维修完工检验

班级＿＿＿＿　　姓名＿＿＿＿　　学号＿＿＿＿　　日期＿＿＿＿

（一）学习与工作目标

（1）能够按照企业标准对船舶柴油机气缸套维修结果进行检验。
（2）能够确认排除故障。

（二）完工检验及记录

（1）安装后的检查。

①出具气缸套测量数据报告。
②裂纹修理后，对焊缝进行无损检测并出具报告。
③对冷却腔进行液压密封性试验并出具报告。
(2) 完工检验记录。

(3) 根据所学知识，对船舶柴油机日常使用维护提出合理化建议。

● 自我检验与提高

一、理论习题

(一) 单项选择题

1. 气缸套冷却水压力波动，膨胀水箱冒泡，这种情况可能是（　　）。
   A. 气缸盖或气缸套有裂纹　　　　　　B. 活塞有裂纹
   C. 气缸套出水温度过高　　　　　　　D. 水泵有故障

2. 通常气缸套的穴蚀发生在（　　）。
   A. 十字头机气缸套外表面　　　　　　B. 十字头机气缸套内表面
   C. 筒形活塞机气缸套内表面　　　　　D. 筒形活塞机气缸套外表面

3. 气缸套内表面受到的腐蚀通常是（　　）。
   A. 高温腐蚀　　　　　　　　　　　　B. 低温腐蚀
   C. 电化学腐蚀　　　　　　　　　　　D. 穴蚀

4. 为了防止气缸套的低温腐蚀，常用的预防措施是（　　）。
   A. 尽可能选用高硫分的优质燃油　　　B. 选用高黏度、高品质的气缸油
   C. 避免长时间低负荷运行　　　　　　D. 冷却水质要高

5. 导致气缸套异常磨损的原因有（　　）。
①气缸或气缸套过热；②穴蚀；③润滑油或进气中含颗粒太多；④燃油与润滑油不匹配；⑤进气中含水
   A. ①②③　　　　B. ①②④⑤　　　C. ②③④⑤　　　D. ①③④⑤

(二) 简答题

1. 中小型柴油机，气缸套缸径测量部位通常有哪些？
2. 船舶柴油机气缸套维修方法有哪几种？

二、技能检验与提高

请对下面故障案例进行分析，确定故障原因，并制定出维修方案。

某轮船为30多年的老龄船，在某航次航行在赤道附近时，三缸突发排烟温度高温报警，并伴随增压器喘振。经检查发现三缸扫气箱着火，马上采取降速、灭火等应急处理。事后总结扫气箱着火原因为本航次主机持续航行30天，扫气箱没有及时清洁；船龄较大，

缸套磨损超标，燃气下窜，导致扫气箱着火。故要求对该船进行检修。

• 任务考核表

评价模块	评价内容	评价等级	综合评价
自我评价(20%)	通过本次故障维修方案制定，我学到的知识点和技能点：_____		
	不理解的：_____		
	我认为在以下方面还需要深化学习，并提升岗位能力：_____		
组内互评（30%）	按时上课，工装齐备，书、笔齐全		
	安全操作，责任心强，7S管理规范		
	学习积极主动，合理使用教学资源，主动帮助他人		
	接受工作分配，有效沟通，高效完成工作任务		
教师评价（50%）	评语：		

学习笔记：

_____

_____

_____

_____

_____

_____

任务二　维修船舶柴油机活塞环

任务规则

工作任务	维修船舶柴油机活塞环	教学模式	任务驱动
学时	4学时	教学场地	船舶柴油机实训室
任务描述	某船舶主机型号为MANB&WL60MC/MCE。在航行中对主机进行检查时发现，第二缸排烟温度偏高。对主机进行示功图测取时发现，第二缸的压缩压力和爆炸压力与其他缸比较明显偏低。停车打开扫气箱检查，扫气箱积炭与其他缸比较偏多。再进一步检查确认活塞的第一道和第二道活塞环发生折断。吊出活塞，取出活塞环并清洁，测量活塞环的搭口间隙和厚度，不在正常范围内，天地间隙超出说明书要求。最后确认是活塞环磨损超标，需对活塞环进行修复。			
学习目标	1. 了解船舶柴油机活塞环检修要求。 2. 掌握船舶柴油机活塞环故障检查与修理方法。 3. 能正确对船舶柴油机活塞进行安装。 4. 能正确对船舶柴油机活塞环进行检查和维修。 5. 树立安全意识和团队合作意识			
学习任务	1. 任务规划 (1)人员分组：每小组8～10人； (2)小组按工作任务作业表进行分析和资料学习； (3)小组经过讨论制定维修方案，每小组选派一人进行方案讲解，经过全体同学讨论，确定最佳实施方案； (4)任务实施：船舶柴油机活塞环拆卸、船舶柴油机活塞环故障勘验、船舶柴油机活塞环维修、船舶柴油机活塞环装复、船舶柴油机活塞环维修完工检查； (5)自我检验与提高； (6)维修船舶柴油机活塞环任务评分。 2. 相关资源 可拆装船舶柴油机，船舶柴油机说明书，拆装、测量工具等			

学习活动

一、勘验船舶柴油机活塞环故障

班级_____　姓名_____　学号_____　日期_____

(一)学习与工作目标

(1)能确认船舶柴油机活塞环实际的故障现象;
(2)建立初步故障维修思路。

(二)学习与工作过程

(1)按照操作规范要求拆卸船舶柴油机第二缸活塞和活塞环。

活塞环的拆卸应使用专用工具。活塞环拆卸的专用工具类型很多,但结构原理大同小异,都是利用机械原理撑开活塞环开口,从而扩大活塞环直径以便于套入活塞。

在没有专用工具时,一般应用麻绳或结实布条系成环扣或用铁丝弯成环形,套在拇指上并分别挂在活塞环开口两端,缓慢地用力使活塞环张开,并以两手中指将活塞环扶平进行拆装。

张开活塞环时应尽量使它在能拆装的条件下张开得小些,否则很容易折断或使活塞环受力而很快疲劳断裂。

拆装活塞环时,应尽量使活塞环平出平入活塞,避免划伤活塞表面。

如图2-4所示,拆下的活塞环应按次序放置好,或者按顺序叠放并用绳子捆绑好以备检查,不要弄乱顺序或随意乱放,并进行必要的清洁,以备测量。

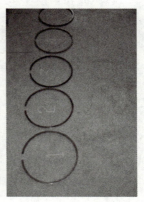

图2-4 活塞环编号

活塞拆下后,要对活塞环和环槽进行必要的清洁。环槽积炭不太严重的,可用轻柴油清洗后,再用干净的棉纱布采用拉锯的方式清洁干净,然后用压缩空气吹干净,如图2-5所示。

图2-5 活塞环槽清洁

大型二冲程柴油机活塞环槽,如果积炭比较严重,可用专用刮刀或竹片等工具清除积炭,再经柴油清洗后用棉布条拉锯式擦拭干净。

(2)勘验船舶柴油机活塞环,确定故障原因。

①检查表面是否有损坏、过深划痕、裂纹、弹力减退、永久变形等缺陷。

②将活塞环放在气缸套内活塞的下止点附近,用塞尺测量搭口间隙,其值应符合表2-7

的规定。

③活塞平均速度低于 6 m/s 的筒形活塞式柴油机,其平均间隙可按表 2-7 中值减少 30%。

④将活塞环放在环槽内,测量活塞环与环槽平面间隙,其极限值应符合表 2-7 的规定。

⑤检查油环的刃口宽度是否符合使用说明书要求。

表 2-7　活塞环搭口间隙、活塞环与环槽平面间隙　　　　　　　　　　mm

气缸直径 D		气环										
		二冲程						四冲程				
		平面间隙				搭口间隙				平面间隙		
		顶部两根		其余		顶部两根		其余		顶部两根		其余	
		装配	极限	装配	极限	装配	极限	装配	极限	装配	极限	装配	极限
筒形活塞式柴油机	≤150	0.15	0.25	0.10	0.25	0.005D	0.015D	0.004D	0.015D	0.10	0.20	0.08	0.20
	>150～225	0.30	0.35	0.15	0.35					0.15	0.30	0.12	0.30
	>225～300	0.35	0.40	0.30	0.40					0.20	0.35	0.16	0.35
	>300	0.40	0.50	0.35	0.50					0.25	0.45	0.20	0.45
十字头式柴油机	>400～550	0.20	0.40	0.14	0.40	0.007D	0.25	0.006D	0.023D	—	—	—	—
	>550～700	0.27	0.60	0.17	0.50					—	—	—	—
	>700～850	0.34	0.70	0.30	0.70					—	—	—	—
	>850	0.45	0.90	0.40	0.90					—	—	—	—
筒形活塞式柴油机	≤150	0.006	0.013	0.004	0.015	0.05	0.25	0.003	0.015	0.035	0.20	0.003	0.015
	>150～225	D	D	D	D	0.06	0.35	D	D	0.05	0.30	D	D
	>225～300					0.08	0.40			0.065	0.35		
	>300					0.09	0.50			0.075	0.45		

(3)填写船舶柴油机活塞环故障勘验报告(表 2-8)。

表 2-8　船舶柴油机活塞环故障勘验报告

设备基本信息	
故障现象	
故障原因分析	
故障排除措施	
预计所需备件器材	
故障勘验的注意事项	

(4)故障确认。根据船舶柴油机活塞环勘验报告,对其故障进行说明。

二、制定船舶柴油机活塞环故障维修方案

班级_____ 姓名_____ 学号_____ 日期_____

(一)学习与工作目标

(1)能根据船舶柴油机活塞环故障勘验结果制定维修方案;
(2)能够展示学习成果并相互评价。

(二)学习与工作过程

根据任务要求,确定所需要的知识、设备、工具,并对小组成员进行合理分工,制定完成船舶柴油机活塞环维修任务的详细方案。

1. 船舶柴油机活塞环维修要求

(1)表面质量。活塞环工作表面不应有裂纹、疏松、夹渣、飞边、毛刺、缺角。环两端面和内圆面允许存在的气孔:缸径等于或大于 200 mm 而小于 300 mm 时,其直径应不大于 1.5 mm,深度不大于 0.5 mm;缸径大于 300 mm 时,其直径不大于 1.2 mm,深度不大于 0.5 mm。在同一片环上气孔数量不应超过 6 个,气孔间距应不小于 10 mm,离外圆面最小距离为 0.5 mm。上下端面、内外圆面的缺陷不应在同一断面上,在开口对面 30°范围内不应存在缺陷。

(2)加工技术要求。
①同一片环上的径向厚度偏差不大于 0.24 mm。
②环厚的尺寸偏差为 0.020 mm。
③在自由状态下活塞环两端面的平面度应符合表 2-9 的规定。

表 2-9 活塞环两端面平面度　　　　　　　　　　　　　mm

缸径	两端面平面度
200～450	0.05
450～800	0.08
800～950	0.10
950～1 100	0.12

④活塞环的自由开口值为 $(0.10\sim 0.13)D$。
⑤环放在规定直径的量规中测量,其搭口间隙符合表 2-7 的规定。
⑥环两端面表面粗糙度 Ra 不大于 0.8 μm,外圆表面粗糙度 Ra 不大于 1.6 μm,镀铬环加工表面镀层表面粗糙度 Ra 不大于 0.40 μm。

(3)密封性要求。

①活塞环放在规定直径的量规中进行漏光检验，每处漏光不应超过相当于30°中心角的弧长，弧长对应的中心角总和不应超过90°，镀铬环漏光总和不应超过45°。

②距开口处30°中心角内不应漏光（二冲程柴油机例外）。

③漏光处的间隙，直径不大于500 mm的环用0.03 mm塞尺检查应不通过，直径大于500 mm的环用0.04 mm塞尺检查应不通过。

④规定直径的量规应按5级精度加工。气缸直径大于500 mm的环，可在气缸套内未磨损处检验漏光。

2. 活塞环弹性检查

(1) 自由开口法检查。活塞环自活塞上取下后，如图2-6所示，测量自由状态下的开口大小。通常新环在自由状态下的开口尺寸为10%～13%的缸径值。若所测自由开口小于新环自由开口值，则说明环的弹性下降。

(2) 永久变形量法。活塞环取下清洁后，人为将自由开口闭合或将其扩大一倍再松开，测量变形后的自由开口值。若其永久变形量大于自由开口值的10%，则表明环的弹性下降。

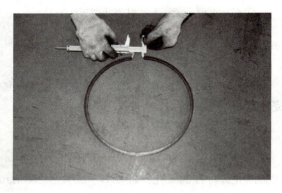

图2-6　自由开口检查法

(3) 对比法。如图2-7所示，用新旧活塞环进行对比，将旧活塞环竖立在新活塞环上，用力使环开口闭合。如旧环开口已闭合，而新环还有一定的间隙，表明旧活塞环弹力不足。

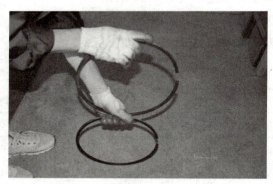

图2-7　对比法

活塞环弹力下降，将会影响气缸的密封性，因此，当活塞环弹力部分或全部丧失时，均应换新的活塞环。

3. 活塞环与气缸套密封性检查

(1) 漏光法检查。将活塞环放入标准气缸套内或圆筒形量规中，用杆子尽量使活塞环水平置于气缸套。在气缸套中活塞环的下侧放一光源，上侧用比气缸套内径小3～4 mm的盖板将环盖住，检查环圆面与气缸套壁面的漏光情况。

合格要求：如图2-8所示，每一处漏光弧长不得超过30°，同一根活塞环的几处漏光弧长总和不得超过90°，但在活塞环搭口处左右30°范围内不允许漏光，并且漏光径向间隙要求：当活塞环直径$D \leqslant 500$ mm 时，用0.03 mm 塞尺检查应不通过；当活塞环直径$D > 500$ mm 时，用0.04 mm 塞尺检查应不通过。

(2)环平面挠曲度检查。环挠曲将影响环在环槽中的运动，容易使环在环槽中卡住，影响环的密封性。检查方法为将环平放在平板上，观察环端面与平板的接触情况。

合格要求：如图2-9所示，环平面应与平板完全接触，不得有明显的间隙，但允许有局部间隙，其间隙值：缸径<200 mm 者，不大于0.05 mm；缸径为200～500 mm 者，不大于0.08 mm；缸径>500 mm 者，不大于0.1 mm。

图 2-8　漏光法检查

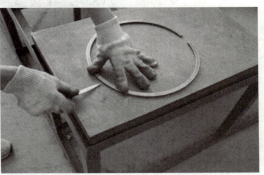

图 2-9　环平面挠曲度检查

4. 活塞环的磨损测量

活塞环的磨损测量，即主要通过测量活塞环的搭口间隙和天地间隙来检查活塞环被磨损的程度。

(1)搭口间隙的测量。清除气缸套内表面上的积炭、油污后，用手握住活塞环开口的对边，将活塞环放入气缸缸径磨损最小的部位，一般是在气缸下部1/3处，并且要放平，如图2-10所示。

图 2-10　搭口间隙测量

环在气缸套内放得是否水平，可用直尺测量环的上平面到缸套的上平面的距离来确定，一般在整个圆周上测量3～4个位置即可。

将塞尺插入活塞环搭口处，以用手沿搭口的平行方向来回抽动塞尺应有摩擦阻力但稍用力又能拉得动的感觉为松紧度合适。此时该塞尺厚度即本道活塞环的搭口间隙。同时注意搭口两端上平面要平齐，不可错位，否则测量不准确。

将各道活塞环的搭口间隙数值记入记录表格，并与说明书规定的搭口间隙值对比，看是否超过极限值，如果超过极限值，则建议换新。

(2)天地间隙测量。天地间隙是活塞环顶面和活塞环槽上顶面之间的间隙。活塞环与环槽的天地间隙过大,则会引起燃烧气体泄漏,活塞环对环槽的冲击加大而加速磨损,并且泵油很严重,应进行更换。活塞环与环槽的天地间隙过小,则使环热膨胀受阻,影响环在槽中的运动,会使活塞环卡死在环槽中而失效。将活塞环槽和活塞环清洁干净。将要测量的活塞环装入活塞的环槽内,注意活塞环的上下端面不得装反,或将活塞环平插在槽内,使活塞环下端面紧贴活塞环槽下端面,如图 2-11 所示。用塞尺沿圆周 3~4 个位置进行测量,并取其平均值为该环的天地间隙测量值。

图 2-11　天地间隙测量

5. 根据勘验报告,制定船舶柴油机活塞环故障维修方案

(1)船舶柴油机活塞环故障维修方案:＿＿＿＿＿＿＿＿＿＿＿＿＿＿＿＿＿＿＿＿
＿＿＿＿＿＿＿＿＿＿＿＿＿＿＿＿＿＿＿＿＿＿＿＿＿＿＿＿＿＿＿＿＿＿＿＿＿＿

(2)所需要的知识、设备、工具:＿＿＿＿＿＿＿＿＿＿＿＿＿＿＿＿＿＿＿＿＿＿
＿＿＿＿＿＿＿＿＿＿＿＿＿＿＿＿＿＿＿＿＿＿＿＿＿＿＿＿＿＿＿＿＿＿＿＿＿＿

(3)小组人员分工(表 2-10):

表 2-10　工作岗位人员分工

工作岗位	人员姓名
主修人员	
辅修人员	
工具管理	
零件摆放	
安全监督	
质量检验	
7S 监督	

三、实施船舶柴油机活塞环故障维修方案

班级＿＿＿＿＿　　姓名＿＿＿＿＿　　学号＿＿＿＿＿　　日期＿＿＿＿＿

(一)学习与工作目标

(1)能够根据已制定的维修方案排除故障。
(2)能够总结排除故障思路并相互评价。

(二)学习与工作过程

(1)按照制定的故障维修方案维修船舶柴油机活塞环。
(2)总结故障的排除思路。
故障的排除思路：_____。
(3)其他组的思路给我们的启示。
启示：_____。
(4)活塞环装复。活塞环装复前应按上述方法仔细检查其弹性、密封性是否良好，各间隙是否正常，如超过说明书规定的极限值则应予以换新，换新时一般第1～2道环用新环，后面环可以用旧环。

安装时注意活塞环表面的记号，使其正面向上，对于刮油环刮油刃口必须向下。按照先拆后装的顺序依次用活塞环拆装工具安装活塞环。如图 2-12 所示，装在活塞上的各道环，搭口不应放在一条直线上，应相互错开。三道密封环的，每道环搭口之间相隔 120°；四道密封环的，第一道环与第二道环之间相隔 180°，第二道环与第三道环相隔 90°，第三道环与第四道环相隔 180°，并且相邻斜搭口的搭口方向应相反。

图 2-12 活塞环装复

(5)活塞环的换新。
①外观检查：有无变形和表面碰伤、裂纹；有无尺寸大小和上下端面标记。
②测量搭口间隙和平面间隙。若间隙过小，则应修锉搭口两端和环的上端面。
③测量环的径向厚度和环槽深度。
要求：环的径向厚度比环槽深度小 0.5～1.0 mm。
④检查环的弹力：活塞环自由开口。
(6)新环的修配。

①修锉搭口。

要求:将搭口两端修挫成较大圆角,圆角半径为3～5 mm;目的:防止活塞环搭口两端锋利棱边刮伤缸壁及挂住气口。

②修锉上、下两端的棱边。

目的:减少气缸的磨损和擦伤,且有利于润滑。

③新环检查。

目的:保证各种间隙值而进行的修配工作。

(7)新环的安装方法。

①简易法[图2-13(b)]:针对中、小尺寸的活塞环,在无专用工具的情况下使用。

用法:用结实的绳子套在环的开口两端,用手拉绳将开口扩大装入环槽。

②专用工具法[图2-13(c)]:针对大尺寸活塞环。

注意:操作时切勿使环的开口过分开大,以免活塞环变形或折断。

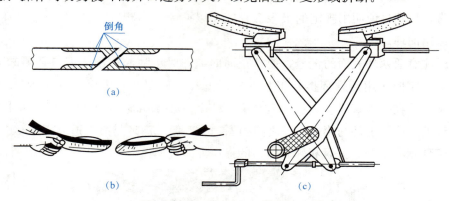

图 2-13　修锉活塞环搭口及环的安装
(a)修锉搭口;(b)简易装环法;(c)专用工具装环法

四、船舶柴油机活塞环故障维修完工检验

班级_____　姓名_____　学号_____　日期_____

(一)学习与工作目标

(1)能够按照企业标准对船舶柴油机活塞环维修结果进行检验。

(2)能够确认排除故障。

(二)完工检验及记录

(1)主要技术要求。

①活塞环的尺寸、形状和位置精度及表面粗糙度应符合图纸的要求。

②活塞环的材料可用HT250、HT300或合金铸铁。

③活塞环外观检查。活塞环工作表面不允许有气孔、裂纹、疏松、夹渣、飞边和毛刺

等缺陷；环两端面及内圆面上允许有一定大小的气孔。

④活塞环弹力检查。活塞环自由开口值应为$(0.10\sim0.13)D$（D为活塞环直径）。

⑤活塞环密封性检查。方法：采用漏光法。

要求：一处漏光弧度对应角度不超过30°，几处漏光总和不超过90°，且搭口附近30°范围内不允许漏光。

(2)完工检验记录。
_____

(3)根据所学知识，对船舶柴油机日常使用维护提出合理化建议。
_____

• 自我检验与提高

一、理论习题

(一)单项选择题

1. 通常影响活塞环泵油作用的各种因素是(　　)。

①环的天地间隙；②环的回转运动；③环运动时与缸壁的摩擦力；④燃烧室气体力；⑤活塞运动惯性力；⑥环的扭曲运动

　　A. ①②③⑤　　　　　　　　　　　B. ②③⑤⑥

　　C. ①③④⑤　　　　　　　　　　　D. ③④⑤⑥

2. 柴油机吊缸时对活塞环进行检查和测量的项目有(　　)。

①径向厚度(磨损)测量；②搭口间隙测量；③天地间隙测量；④环背隙测量；⑤环弹力检查；⑥表面损伤检查

　　A. ①+③+⑤　　　　　　　　　　　B. ②+③+⑤+⑥

　　C. ①+②+③+⑤+⑥　　　　　　　　D. 以上全部

3. 活塞环在工作中产生跳环现象会造成(　　)。

　　A. 漏气　　　　　　　　　　　　　B. 断环

　　C. 环黏着　　　　　　　　　　　　D. 环槽严重磨损

4. 船舶中，高速柴油机的活塞环分为(　　)。

　　A. 压缩环、刮油环和承磨环　　　　B. 压缩环、承磨环

　　C. 压缩环、刮油环　　　　　　　　D. 气密环

(二)简答题

1. 活塞环弹性检查项目包括哪些？

2. 活塞环与气缸套密封性检查项目包括哪些？

3. 活塞环新环的安装方法有哪几种？

二、技能检验与提高

请对下面故障案例进行分析，确定故障原因，并制定出维修方案。

某轮船在对扫气箱进行清洁检查时发现，第一缸扫气箱下面积炭严重，并有金属块。检查比对后发现是第三缸第一道活塞环断裂，马上对其进行吊缸处理，并进一步检修。

• 任务考核表

评价模块	评价内容	评价等级	综合评价
自我评价（20%）	通过本次故障维修方案制定，我学到的知识点和技能点：_____		
	不理解的：_____		
	我认为在以下方面还需要深化学习，并提升岗位能力：_____		
组内互评（30%）	按时上课，工装齐备，书、笔齐全		
	安全操作，责任心强，7S管理规范		
	学习积极主动，合理使用教学资源，主动帮助他人		
	接受工作分配，有效沟通，高效完成工作任务		
教师评价（50%）	评语：		

学习笔记：

任务三 维修船舶柴油机曲轴

📋 任务规则

工作任务	维修船舶柴油机曲轴	教学模式	任务驱动
学时	6 学时	教学场地	船舶柴油机实训室
任务描述	某船舶修理厂负责对一艘散货船进行维修,主机在换新连杆轴瓦、主轴承轴瓦试车 1.5 h 后发现油温差报警,并停车检查。发现第四缸连杆轴瓦烧毁,拆出后进行现场检查,发现该缸对应曲柄销轴轴颈有少许发纹,出现轻度拉槽,并且局部的硬度在 620 HB 左右,测量该缸两道主轴颈跳动量在 0.3 mm 左右,检查其他各道在 0.11~0.16 mm,根据检测的数据和船东协商,将曲轴吊出舱进行修理或换新			
学习目标	1. 了解船舶柴油机曲轴检修要求。 2. 掌握船舶柴油机曲轴故障检查与修理方法。 3. 能正确对船舶柴油机曲轴进行安装。 4. 能正确对船舶柴油机曲轴进行检查和维修。 5. 树立安全意识和团队合作意识			
学习任务	1. 任务规划 (1)人员分组:每小组 8~10 人; (2)小组按工作任务作业表进行分析和资料学习; (3)小组经过讨论制定维修方案,每小组选派一人进行方案讲解,经过全体同学讨论,确定最佳实施方案; (4)任务实施:船舶柴油机曲轴故障勘验、船舶柴油机曲轴维修、船舶柴油机曲轴装配、船舶柴油机曲轴维修完工检查; (5)自我检验与提高; (6)维修船舶柴油机曲轴任务评分。 2. 相关资源 可拆装船舶柴油机,船舶柴油机说明书,拆装、测量工具等			

📖 学习活动

一、勘验船舶柴油机曲轴故障

班级_____ 姓名_____ 学号_____ 日期_____

(一)学习与工作目标

(1)能确认船舶柴油机曲轴实际的故障现象;
(2)建立初步故障维修思路。

(二)学习与工作过程

(1)按照操作规范要求拆卸柴油机各缸气缸盖、活塞、连杆等部件。
(2)勘验船舶柴油机曲轴,确定故障原因。

①检查与测量曲柄臂距差。

当曲柄销在上、下止点(或左、右水平)位置时,两曲柄臂之间距离的差值称为"臂距差"。在大、中型柴油机检修中,经常用测量拐挡差的办法来检查曲轴轴线的状态和主轴承的磨损情况,防止曲轴裂纹或断裂等疲劳破坏。

测量曲轴臂距表(图 2-14)的灵敏度的方法:用手指按动臂距表一端的顶尖,看表上的指针摆动是否灵活,放松后指针能否回到原来的位置。检查无误后,根据臂距的大小选择并调整臂距表测量杆的长度,使之比臂距大 1~2 mm。

测量点一般均设在距曲柄销中心线$(S+D)/2$处,如图 2-15 所示。为了便于迅速、准确地装表,在曲柄臂内侧中心对称线上$(S+D)/2$处打上冲孔。如没有冲孔,则应在距曲柄销轴线为$(S+D)/2$处的曲柄臂两边打上冲孔。测量方法:打开各缸曲柄箱道门;盘车至曲柄销在 195°位置,仔细寻找两曲柄臂上的冲孔,冲孔应在距曲柄销轴线为$(S+D)/2$处;清洁两曲柄臂上的冲孔,除去孔中油污和杂物,将臂距表装入两曲柄臂的冲孔中,预紧 1~2 mm,并将臂距表摆动 2~3 次,以免引起误差;安装正确后,将臂距表指针调至"0"位,作为起始测量位置;正车转动曲轴到曲柄销处于左水平的位置,读取臂距表读数,并记录。

图 2-14 臂距表

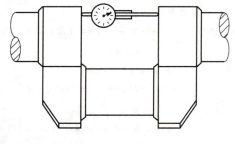

图 2-15 测量点

由于不同结构的臂距表在测量臂距增减时,表指针转动方向不尽相同,因而要注意观察并认真识别。当将臂距表的活动量头向表内压时,表盘上的读数应减少,在记录此数据时为负值,用"-"号表示;当臂距表活动量头向外伸时,表盘上的读数增大,记录为正值,用"+"号表示。应记住表针的转动方向,以免读错正负。

同样方法,盘车使曲柄销分别转至上止点、右平和下止点前 15°左右,分别读取臂距表读数,即曲柄销自 195°位置开始,经 270°、0°、90°及 165°共五个位置,读取和记录各位置臂距表读数,并记录。

记录方法如图 2-16 所示,有销位法和表位法。销位法即按曲柄销所在位置记录读数的方法；表位法即按臂距表所在位置记录读数的方法。两种记录位置相反，但结果是一样的。通常按销位法记录。按上述方法逐缸进行测量，并记录。

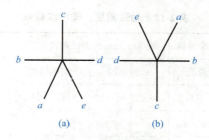

图 2-16　表位记录方法
（a）销位法；（b）表位法

②检查曲柄的夹角。

a. 曲轴在装机的情况下，通过测量各缸上、下止点的位置来确定曲柄夹角，对于组合式曲轴，用检查热套结合面是否产生滑移的方法来确定。

b. 当整体式曲轴的扭转变形量大于 10°时，应报废；当其变形量小于 10°时，对钢制曲轴允许校正修复。

③检查与测量主轴颈径向圆跳动、圆度及圆柱度。

a. 检查时应以 1 号缸曲柄销上止点位置作为各道主轴颈的检测基点，测量主轴颈的径向圆跳动、圆度及圆柱度。

b. 各道主轴颈应在两端截面位置上同时测取径向圆跳动的最高值与最低值，当轴颈跳动或两端截面摆动超过表 2-11 规定时应修复。

表 2-11　主轴颈圆跳动和两端截面摆动极限

曲柄销数目	轴颈支承数目	轴颈直径/mm					
		≤75	>75~100	>100~150	>150~250	>250~350	>350~500	>500
				150	250	350	500	
		轴颈圆跳动和两端面摆动极限 b/mm						
3	1	0.03	0.04	0.05	0.06	0.08		
4	2	0.04	0.05	0.06	0.08	0.10		
5~8	3~4	0.05	0.06	0.07	0.10	0.12	0.14	0.16
9~12	5~6	—	—	0.06	0.11	0.13	0.15	0.17

注：1. 曲轴在平板上检测时的支承数目可比车床上的支承数目增加 1~2 个，在机座内检测时其轴承支承数不受限制。

　　2. 两端截面摆动是指同一主轴修理前后两端的轴颈圆跳动的最高值位置不在同一方向或数值有差异时，其轴颈圆跳动在轴心线方向上产生的摆动值。

c. 在各道主轴颈的前、中、后三个横向截面位置上测量其径向圆跳动最高值与最低值处外圆直径，轴颈磨损极限应符合表 2-12 的规定。

表 2-12 轴颈圆度、圆柱度极限　　　　　　　　　　　　　　　　　　　mm

轴颈直径	＞500 r/min 筒形活塞式柴油机				≤500 r/min 筒形活塞式柴油机				十字头式柴油机			
	主轴颈		曲柄销颈		曲柄轴颈		曲柄销颈		主轴颈		曲柄销颈	
	圆度	圆柱度	圆度	圆柱度	圆度	圆柱度	圆度	圆柱度	圆度	圆柱度	圆度	圆柱度
≤75	0.03	0.03	0.03	0.035	—	—	—	—	—	—	—	—
75～100	0.035	0.035	0.035	0.04	—	—	—	—	—	—	—	—
100～125	0.035	0.035	0.035	0.04	—	—	—	—	—	—	—	—
125～150	0.04	0.04	0.04	0.04	—	—	—	—	—	—	—	—
150～175	0.05	0.05	0.05	0.05	0.05	0.05	0.05	0.05	—	—	—	—
175～200	0.05	0.06	0.05	0.06	0.06	0.07	0.06	0.07	—	—	—	—
200～225	0.06	0.07	0.06	0.07	0.07	0.08	0.07	0.08	0.08	0.08	0.09	0.09
225～250	0.07	0.08	0.07	0.08	0.08	0.08	0.08	0.09	0.09	0.09	0.10	0.10
250～275	0.07	0.08	0.08	0.08	0.08	0.09	0.08	0.10	0.10	0.10	0.11	0.11
275～300	0.08	0.09	0.09	0.09	0.09	0.10	0.09	0.10	0.10	0.10	0.11	0.11
300～325	0.08	0.09	0.09	0.10	0.09	0.10	0.10	0.11	0.11	0.11	0.12	0.12
325～350	0.09	0.10	0.10	0.11	0.10	0.11	0.11	0.11	0.12	0.12	0.12	0.12
350～375	—	—	—	—	0.11	0.12	0.12	0.13	0.12	0.12	0.13	0.13
375～400	—	—	—	—	0.12	0.12	0.13	0.14	0.13	0.13	0.14	0.14
400～425	—	—	—	—	0.13	0.14	0.14	0.15	0.14	0.14	0.15	0.15
425～450	—	—	—	—	—	—	—	—	0.15	0.15	0.16	0.16
450～475	—	—	—	—	—	—	—	—	0.16	0.16	0.17	0.17
475～500	—	—	—	—	—	—	—	—	0.17	0.17	0.18	0.18
500～525	—	—	—	—	—	—	—	—	0.18	0.18	0.19	0.19
525～550	—	—	—	—	—	—	—	—	0.19	0.19	0.20	0.20
550～575	—	—	—	—	—	—	—	—	0.20	0.20	0.21	0.21
575～600	—	—	—	—	—	—	—	—	0.20	0.20	0.21	0.21
600～650	—	—	—	—	—	—	—	—	0.21	0.21	0.22	0.22
＞650	—	—	—	—	—	—	—	—	0.21	0.21	0.22	0.22

（4）检查与测量曲柄销的圆度、圆柱度及平行度。

a. 在曲柄销轴颈的前、中、后三个截面位置上测量外圆直径，轴颈磨损极限应符合表 2-1 的规定。

b. 在曲柄销的 0°、90°、180°、270°四个位置测取曲柄销外圆工作母线与曲轴轴心线的平行度，其误差极限值为 0.02 mm/m。

④检查曲轴轴颈表面。

a. 曲轴工作表面、过渡圆弧与油孔口不应有裂纹、拉痕、凹痕、锈蚀、点蚀和烧伤等缺陷存在；非工作表面不应有裂纹、严重伤痕和锈蚀等缺陷存在，需探伤的表面应清除修光，表面粗糙度 Ra 不大于 3.2 μm。

b. 探伤检查，在轴颈的过渡圆弧、油孔口及距圆弧与油孔口 5 mm 以内不应有发纹，其余部位允许存在与轴线夹角小于 30°的纵向发纹，但同一轴颈上总数应不多于 3 条，同一截面上应不多于 2 条，其长度应符合表 2-13 的规定。磁粉探伤后均应做退磁处理。

表 2-13　曲轴轴颈发纹长度　　　　　　　　　　　　　　　　　　　　　　mm

轴颈直径	发纹长度
≤200	<15
200～250	<20
250～350	<25
>350	<30

(3)填写船舶柴油机曲轴故障勘验报告(表 2-14)。

表 2-14　船舶柴油机曲轴故障勘验报告

设备基本信息	
故障现象	
故障原因分析	
故障排除措施	
预计所需备件器材	
故障勘验的注意事项	

(4)故障确认。根据船舶柴油机曲轴勘验报告，对其故障进行说明。

二、制定船舶柴油机曲轴故障维修方案

班级_____　姓名_____　学号_____　日期_____

(一)学习与工作目标

(1)能根据船舶柴油机曲轴故障勘验结果制定维修方案。

(2)能够展示学习成果并相互评价。

(二)学习与工作过程

根据任务要求,确定所需要的知识、设备、工具,并对小组成员进行合理分工,制定完成船舶柴油机曲轴维修任务的详细方案。

1. 船舶柴油机曲轴维修要求

(1)主轴颈与曲柄销颈修理后,轴颈直径的减少量不应超过 $0.01d$(d 为轴颈公称直径),若减少量超过该值,则应按《钢质海船入级与建造规范》的公式进行核算。

(2)轴颈的过渡圆弧半径不应小于实际轴径的 5%;其圆弧凹槽最低处低于轴颈外圆工作母线 0.20~0.30 mm,并要求轴颈的工作表面长度不应小于原来的工作长度。

(3)过渡圆弧应用样板检查,样板与过渡圆弧之间的间隙应不大于 0.30 mm。

(4)曲轴精加工后,应测量曲柄销在 0°、90°、180°、270°四个位置的曲柄臂距,其差值应不大于 0.075 mm/m,对于活塞行程不大于 400 mm 者,可放松为不大于 0.10 mm/m,但最大值应不超过 0.03 mm/m。

(5)主轴颈对曲轴轴心线的径向圆跳动,在每道主轴颈两个截面上测取,当同一道主轴颈两端截面上测取的跳动方向不一致时,可作图求出轴颈前后两端截面摆动,其值应符合表 2-15 的规定。

表 2-15 主轴颈径向圆跳动

曲柄销数目	轴颈支承数目	轴颈直径/mm						
		≤75	75~100	100~150	150~250	250~350	350~500	≥500
		轴颈圆跳动和两端截面摆动允许值/mm						
3	1	0.015	0.02	0.025	0.03	0.04	—	—
4	2~3	0.02	0.025	0.03	0.04	0.05	—	—
5~8	3~4	0.025	0.03	0.035	0.05	0.06	0.07	0.08
9~12	—	—	—	0.04	0.055	0.065	0.075	0.085

(6)主轴颈与曲柄销的圆度与圆柱度应符合表 2-16 的规定。

表 2-16 主轴颈与曲柄销的圆度、圆柱度   mm

轴颈直径 d	≤75	75~100	100~150	150~250	250~350	350~500	>500
主轴颈	0.01	0.01	0.015	0.015	0.02	0.02	0.025
曲柄轴颈	0.01	0.01	0.015	0.02	0.025	0.03	0.03

(7)曲柄销外圆工作母线与曲轴轴心线的平行度,当曲柄销在 0°、90°、180°、270°四个位置测量时,其值应不大于 0.15 mm/m。

(8)曲轴主要工作表面粗糙度 Ra 值应符合表 2-17 的规定。

表 2-17 曲轴工作表面粗糙度

机型	曲轴材料	主轴颈曲柄销	过渡圆弧	油孔出口	非工作表面轴颈	法兰外圆及端面
		表面粗糙度 Ra/mm				
中高速柴油机	合金钢	0.4	0.8	0.8	1.6	1.6
	优质中碳钢	1.6	1.6	1.6	3.2	3.2
	球墨铸铁	1.6	1.6	1.6	3.2	3.2
低速柴油机	优质中碳钢	3.2	1.6	1.6	3.2	3.2

(9)曲轴轴颈在修理时,可按直径的分级修理方法进行修正。

(10)材料为铸铁、球墨铸铁的曲轴,变形后不应采用机械法、加热法进行校正。

(11)曲轴轴颈磨损允许采用镀铬方法修复,镀层厚度不应大于 0.30 mm,并应与母体牢固结合,镀铬的轴颈与轴瓦的装配间隙应增大 0.02~0.03 mm。

(12)曲轴轴颈磨损允许采用低温镀铁修复,其镀层厚度与修理过程应严格按工艺要求进行。

(13)曲轴修理后,应经无损探伤检查,并应符合规定要求。

2. 船舶柴油机曲轴维修方法

方案一:

(1)将曲轴摆上平台进行整体检测(包括各道轴颈无损检测、尺寸测量、跳动量检查、烧熔轴颈的硬块检查及曲柄销与主轴颈的中心线检查等)。

(2)将故障曲柄销轴颈进行加工,直到消除裂纹和拉痕(加工的数据必须依照厂家轴瓦加厚的等级进行)。

(3)对于曲柄销硬块的处理方法采用将磨小直径进行检测,如其他缺陷都消除后还超标,则采用多次退火的办法进行,直到降低到最低数值。

(4)通过敲击的方式来消除应力,校正中心线。

(5)如主轴颈跳动仍超标,则需要进行磨小来找正中心线。

(6)吊出曲轴后将机架上的轴承内孔进行同轴度检查。

方案二:

如在价格合适的情况下将整条曲轴换新,换新时可将旧曲轴直接吊出,换新后的曲轴利用专用托架吊入舱内。换新曲轴时需要仔细核对各个尺寸(与旧曲轴进行对比)。

曲轴换新工艺流程如图 2-17 所示。

3. 根据勘验报告,制定船舶柴油机曲轴故障维修方案

(1)船舶柴油机曲轴故障维修方案:_____

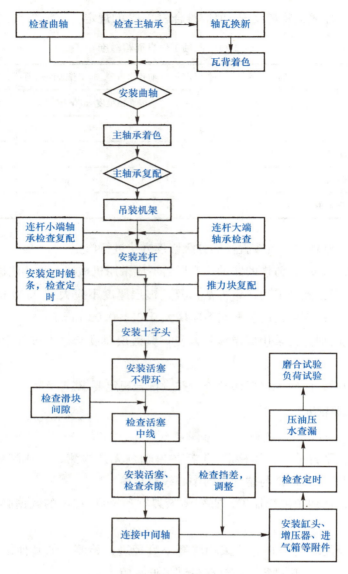

图 2-17 曲轴换新工艺流程

(2)所需要的知识、设备、工具:_____

_____

(3)小组人员分工(表 2-18)。

表 2-18 工作岗位人员分工表

工作岗位	人员姓名
主修人员	
辅修人员	
工具管理	

续表

工作岗位	人员姓名
零件摆放	
安全监督	
质量检验	
7S监督	

三、实施船舶柴油机曲轴故障维修方案

班级_____ 姓名_____ 学号_____ 日期_____

(一)学习与工作目标

(1)能够根据已制定的维修方案排除故障。
(2)能够总结排除故障思路并相互评价。

(二)学习与工作过程

(1)按照制定的故障维修方案维修船舶柴油机曲轴。
(2)总结故障的排除思路。
故障的排除思路：_____。
(3)其他组的思路给我们的启示。
启示：_____。
(4)曲轴的回装。
①所有的油道清洁报验合格，修理或换新的曲轴必须验收合格后进行曲轴的回装。回装时按照吊装时的反顺序进行。
②吊装到位后按照扭力要求上紧轴承盖，然后必须核对推力块的间隙，与拆前进行对比。
(5)附件的安装。按照拆前的记号进行所有附件的安装。
(6)主机的对中和安装。
①清洁干净基座平面，将接触面上的环氧胶铲除，并检查灌胶的扁铁是否完好。
②将机体上所有部件安装完毕后(除与主机连接的管系外)，油底壳、主轴承盖、连杆大端的螺栓必须上紧，并经厂质检和船东进行确认。
③调整主机与齿轮箱的输入轴进行对中，对中数据参照拆前记录和说明书要求。
④待环氧垫片干透后按照厂家提供的数据进行地脚螺栓上紧，每个螺栓上紧后应重新检查一次扭力。
⑤按照拆前位置进行主机止推块的安装。

⑥安装弹性联轴节。
⑦安装与主机相连的管系、电缆。

四、船舶柴油机曲轴故障维修完工检验

班级_____　姓名_____　学号_____　日期_____

(一)学习与工作目标

(1)能够按照企业标准对船舶柴油机曲轴维修结果进行检验。
(2)能够确认排除故障。

(二)完工检验及记录

1. 安装后的检查

(1)主要检查附件与拆前的记号是否一致,各管路连接是否正常,电缆连接是否安装牢靠。
(2)对各缸测量臂距差。
(3)检查配气、喷油定时是否正确。
(4)进、排气阀的间隙是否在范围内。
(5)整机的清洁检查是否有异物留在机体内。
(6)对主机进行压水试验,检查各接头、胶圈位是否有漏水等异常。

2. 完工检验记录

_____

3. 根据所学知识,对船舶柴油机日常使用维护提出合理化建议

_____

● 自我检验与提高 ▮▮▮

一、理论习题

(一)单项选择题

1.柴油机曲轴轴颈在轴向发生不均匀磨损,会产生(　　)。
　A. 圆度误差　　　B. 圆柱度误差　　　C. 锥度误差　　　D. 几何形状误差
2.一般来说,柴油机曲轴主轴颈磨损较曲柄销颈磨损(　　)。
　A. 小　　　　　B. 大　　　　　C. 相同　　　　　D. 无规律
3.曲轴主轴颈表面有轻微裂纹应采用(　　)修理。
　A. 堆焊　　　　B. 粘接　　　　C. 金属扣合　　　D. 修磨
4.曲轴臂距差的大小表明曲轴的(　　),臂距差的符号表明曲轴的(　　)。
　A. 受力程度　受力方向　　　　　B. 受力方向　受力程度
　C. 弯曲变形程度　弯曲变形方向　　D. 弯曲变形方向　弯曲变形程度

（二）简答题

1. 曲轴的主要损伤有哪些？
2. 影响曲轴臂距差的因素有哪些？

二、技能检验与提高

请对下面故障案例进行分析，确定故障原因，并制定出维修方案。

某船舶主机型号 YANMAR6N330（倒挂式曲轴）。在航行时突然发现润滑油温度较高，并伴有敲缸声音，转速不稳；船员立即停机，待温度下降后打开曲轴箱道门进行检查。首先用塞尺检查主轴承间隙，然后检查连杆大端轴瓦及润滑油油质，发现润滑油里含有铁渣，连杆大端轴瓦间隙有的过大、有的没有，因此判断是轴瓦烧了。后进一步拆卸连杆大端后，发现轴瓦与曲轴磨损严重，需要更换曲轴和主轴承以及连杆瓦，故要求该船进入船舶修理厂进行检修。

● 任务考核表

评价模块	评价内容	评价等级	综合评价
自我评价(20%)	通过本次故障维修方案制定，我学到的知识点和技能点：_____		
	不理解的：_____		
	我认为在以下方面还需要深化学习，并提升岗位能力：_____		
组内互评（30%）	按时上课，工装齐备，书、笔齐全		
	安全操作，责任心强，7S管理规范		
	学习积极主动，合理使用教学资源，主动帮助他人		
	接受工作分配，有效沟通，高效完成工作任务		
教师评价（50%）	评语：		

学习笔记：

任务四　维修船舶柴油机气阀

任务规则

工作任务	维修船舶柴油机气阀	教学模式	任务驱动
学时	4学时	教学场地	船舶柴油机实训室
任务描述	某船舶在航行过程中，主机出现排烟温度偏差过大报警。检查发现第三缸排烟温度明显偏高为400 ℃，其他缸为320 ℃左右。对主机扫气温度和燃油节气门刻度等参数进行检查，都在正常范围内。进一步对主机进行示功图测取，发现第三缸的压缩压力明显偏低，为防止机损事故的发生，通知驾驶台对主机进行了降速处理。坚持到锚地完车后，对第三缸排气阀进行了解体，发现排气阀阀面出现了严重的烧蚀，需更换排气阀和阀座		
学习目标	1. 了解船舶柴油机气阀检修要求。 2. 掌握船舶柴油机气阀故障检查与修理方法。 3. 能正确对船舶柴油机气阀进行安装。 4. 能正确对船舶柴油机气阀进行检查和维修。 5. 树立安全意识和团队合作意识		
学习任务	1. 任务规划 (1)人员分组：每小组8~10人； (2)小组按工作任务作业表进行分析和资料学习； (3)小组经过讨论制定维修方案，每小组选派一人进行方案讲解，经过全体同学讨论，确定最佳实施方案； (4)任务实施：船舶柴油机气阀故障勘验、船舶柴油机气阀维修、船舶柴油机气阀装配、船舶柴油机气阀维修完工检查； (5)自我检验与提高； (6)维修船舶柴油机气阀任务评分。 2. 相关资源 可拆装船舶柴油机，船舶柴油机说明书，拆装、测量工具等		

学习活动

一、勘验船舶柴油机气阀故障

班级_____　　姓名_____　　学号_____　　日期_____

(一)学习与工作目标

(1)能确认船舶柴油机气阀实际的故障现象。
(2)建立初步故障维修思路。

(二)学习与工作过程

(1)按照操作规范要求拆除船舶柴油机气缸盖和第三缸气阀。
(2)排气阀损坏形式。

①排气阀烧损。排气阀烧损是排气阀最常见故障。主要原因是排气阀密封不严,造成高温燃气泄漏,使该处严重过热,甚至熔穿金属材料。

a. 由于阀盘不同部位的形状、厚度不同,受热、散热条件不同,阀盘圆周上的温度分布不均匀,中心温度高于周边温度,造成气阀阀盘径向上的温度差,过大的温差将造成阀盘的变形从而导致漏气的产生。

b. 船舶燃油中含有的杂质在经过燃烧室内的各种复杂热过程后在排气阀阀盘及阀座密封锥面沉积成一层混有碳粒的玻璃状较硬较脆物质,其内混有硫酸钠、硫酸钙、氧化铁等物质。当此层玻璃状沉积物沉积厚度过大时,在闭阀时的撞击力下会发生裂纹,反复撞击后进而发展成剥落,从而形成高温燃气喷出通道使气阀烧损。

c. 普通排气阀密封锥面在工作温度下硬度并不是很高,沉积的硬质燃烧产物颗粒在闭阀的撞击下可使密封面出现凹坑,从而形成漏气。

②排气阀高温腐蚀。燃油中含有大量钒、钠和硫等元素。在燃烧过程中,硫、钒和钠等元素形成氧化硫、五氧化二钒和氧化钠等。当零件温度在550 ℃以上时,足以使钒、钠化合物处于熔化状态,附着于零件表面。当排气阀在工作中时,由于排气原因(气阀温度可达650 ℃以上),使它以液态沉积在阀盘、阀座以及阀杆与阀面的过渡表面上。这时即使是非常耐腐蚀的硬质合金钢也会受到腐蚀,腐蚀结果在密封锥面上形成麻点、凹坑,凹坑相连就可能造成漏气。

③气阀密封锥面磨损过快。在燃烧室内的爆发压力作用下阀座与阀盘都会发生弹性变形,气阀落座撞击也会造成阀座及阀盘的弹性变形,这样会使阀盘锥面反复楔入时,密封锥面产生相对运动,造成密封锥面磨损。

④阀盘与阀杆断裂。阀杆与导管的间隙过大;阀盘与阀座的变形使局部受力过大;气阀间隙过大,敲击严重而破坏;气阀机构的振动。阀杆装设卡块的凹槽处是气阀的最薄弱部位,若该处凹槽加工工艺不良或闭阀冲击力较大也会产生疲劳断裂。

⑤气阀卡死。气阀卡死主要是因为气阀阀杆和导管之间间隙过小,当受热膨胀后两者间隙过盈发生卡死现象。另一方面,当阀杆发生弯曲变形时也会使阀杆卡死在导管中。

⑥气阀弹簧断裂。气阀弹簧本身结构不合理,内部有缺陷,加工不合理或使用中发生了扭曲或达到疲劳极限在工作中均会导致断裂。气阀弹簧断裂直接破坏柴油机正常工作,严重时会气阀可能掉入气缸。

(3)勘验船舶柴油机气阀，确定故障原因。

①检查阀杆圆度和圆柱度，超过表2-19的允许极限值时，必须进行修理。

②盘锥面不得有纵向连续的麻点、腐蚀、过烧及磕痕。

③杆端面、杆部及盘锥面用肉眼进行外观检查，不得有直观裂纹存在。

表2-19　阀杆圆度、圆柱度　　　　　　　　　　　　　　　　　　　　　mm

柴油机转速/(r·min^{-1})	圆柱度		圆度	
	标准范围	允许极限	标准范围	允许极限
≤250	0.040	0.080	0.030	0.060
250~750	0.030	0.060	0.025	0.040
>750	0.015	0.030	0.015	0.030

(4)填写船舶柴油机气阀故障勘验报告(表2-20)。

表2-20　船舶柴油机气阀故障勘验报告

设备基本信息	
故障现象	
故障原因分析	
故障排除措施	
预计所需备件器材	
故障勘验的注意事项	

(5)故障确认。根据船舶柴油机气阀勘验报告，对其故障进行说明。

二、制定船舶柴油机气阀故障维修方案

　　班级_____　姓名_____　学号_____　日期_____

(一)学习与工作目标

(1)能根据船舶柴油机气阀故障勘验结果制定维修方案。

(2)能够展示学习成果并相互评价。

(二)学习与工作过程

根据任务要求，确定所需要的知识、设备、工具，并对小组成员进行合理分工，制定完成船舶柴油机气阀维修任务的详细方案。

1. 船舶柴油机气阀维修要求

(1)杆部磨损可采用喷涂、喷焊、激光熔覆、镀铬等工艺修复。

(2)盘锥面的磕痕、麻点、腐蚀及过烧等缺陷可采用机加工方法修复，也可采用电弧堆焊、喷涂、喷焊、激光熔覆等工艺修复，施焊前应对盘锥面加工出凹槽，其加工要求按图2-18和表2-21的规定。修复后气阀装入阀座内必须锥面接触，且不得少于原接触面的1/3。

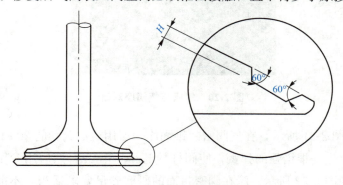

图2-18　盘锥面加工凹槽深度

表2-21　盘锥面加工凹槽深度　　　　　　　　　　　　　　　　mm

盘锥面直径 D	<50	50～75	75～125	125～175	175～250	>250
车削深度	1.0	1.5	2.0	2.5	3.0	3.0～6.0

2. 气阀的清洁与检查

如图2-19所示，清除气阀、气阀座及气阀导管内的积炭和污物。

对气阀的阀杆、阀盘、阀座进行检查：

(1)阀座与阀面的密封面是否有伤痕和麻点。

(2)阀盘是否翘曲变形，是否有大面积烧损。

(3)阀背及阀杆是否有裂纹。

(4)阀杆是否变形等。

图2-19　气阀清洁

上述现象将会影响气阀的密封性，严重时会使柴油机无法正常运行，因此必须加以检修。

3. 气阀的研磨

现代大中型柴油机气阀一般采用专用研磨机分别对阀面和阀座进行研磨。

对于小型柴油机气阀，如果气阀与气阀座密封锥面严重烧蚀、磨损，气阀可以在气阀研磨或车床上进行阀面光车，气阀座用铰刀铰削，消除缺陷后，如图2-20所示，气阀与气阀座即可进行对研。

如气阀与气阀座密封锥面磨损不大，则可直接将气阀和阀座进行研磨，以恢复正常的配合。研磨前，必须将气缸盖清洗干净，特别是排气通道、气阀导套、阀座处的积炭要刮洗干净。进、排气阀要做好记号，以免弄错，然后将气缸盖底面朝上放于适当高的工作架上。

研磨程序如下：

图 2-20　气阀与气阀座对研

(1)粗磨。如图 2-21 所示，在气阀密封锥面涂一层用机油调和的 200 目的粗研磨砂，在阀壳与阀杆之间放进一根稍强的弹簧，使阀杆抬起 4～6 mm，然后用专用工具边转边轻轻敲击进行研磨，如图 2-22 所示。涂在阀密封面的研磨砂量要求适当，不能太多，以免流到阀杆与导套之间增加磨损。为了尽可能保证研磨均匀，研磨过程中需不时旋转气阀方向。

图 2-21　涂研磨砂

图 2-22　气阀研磨

(2)细磨：将密封面上的麻点磨掉以后，用 600 目的细研磨膏进行研磨。

(3)精磨：磨到密封面完全接触后，最后在气阀上涂一层机油进行研磨，直到阀和阀座上出现灰色光亮且完整而均匀的阀线为止，但阀线宽度(图 2-23)要适当，进气阀应在 1.5 mm 内，排气阀应为 2～3 mm。阀线过宽则密封性不好，过窄则工作寿命不长。

研磨完毕后，应将气阀、气阀座、气阀导套及进排气道里的研磨砂用轻柴油仔细清洗干净，不允许有残留。

图 2-23 气阀座密封锥面阀线

4. 气阀座的铰削

如果气阀座在密封锥面(图 2-24)上有磨损、麻点和腐蚀斑痕等现象且比较严重时,应在气阀研磨前对阀座用专门的气阀铰刀进行铰铣修复。

图 2-24 气阀座密封锥面

手动气阀铰刀是成套专门工具,每套包括15°、30°、45°、75°等几种锥角铰刀,每种锥角铰刀又有粗铰和精铰两种,并配有铰刀导杆作为铰削时安装的基准。

用铰刀铰铣气阀座的顺序如下:

(1)选用与气阀座锥面角度相同的铰刀,以保证铰削后的阀锥面与导管同心。在铰铣时,铰刀要放正,不允许后退以免铰偏阀座锥面。

(2)选用75°或15°铰刀来缩小与改变阀座锥面接触环带的位置和宽度。实际的接触环带的位置可通过涂有色油的阀和阀座研磨1~2周获得。如环带偏向气阀圆盘部,则需加大15°斜面铰削量进行修整。若环带偏向气阀杆部,则需加大75°斜面铰削量进行修整。

(3)用45°或30°的精铰刀,将锥面铰削得光滑无痕。阀座经铰削后,应测量气阀圆盘底面沉入气缸盖平面的下陷量,此下陷量应在规定范围内,一般为1~2 mm。

(4)铰铣后的气阀座与待配的气阀,先用研磨砂,后用机油进行互研。

5. 根据勘验报告,制定船舶柴油机气阀故障维修方案

(1)船舶柴油机气阀故障维修方案:_____

(2)所需要的知识、设备、工具：_____

_____

(3)小组人员分工(表2-22)。

表2-22　工作岗位人员分工表

工作岗位	人员姓名
主修人员	
辅修人员	
工具管理	
零件摆放	
安全监督	
质量检验	
7S监督	

三、实施船舶柴油机气阀故障维修方案

班级_____　姓名_____　学号_____　日期_____

(一)学习与工作目标

(1)能够根据已制定的维修方案排除故障。

(2)能够总结排除故障思路并相互评价。

(二)学习与工作过程

(1)按照制定的故障维修方案维修船舶柴油机气阀。

(2)总结故障的排除思路。

故障的排除思路：_____。

(3)其他组的思路给我们的启示。

启示：_____。

四、船舶柴油机气阀故障维修完工检验

班级_____　姓名_____　学号_____　日期_____

(一)学习与工作目标

(1)能够按照企业标准对船舶柴油机气阀维修结果进行检验。

(2)能够确认排除故障。

(二)完工检验及记录

1. 气阀密封性检查

气阀与阀座互研后需进行密封性检查。

(1)气阀密封锥面铅笔画线检验法。如图 2-25 所示,在气阀锥面上用铅笔每隔 5～10 mm 画一条径向线条,然后将阀装入阀座,上下轻轻拍打 2～3 次,但气阀不要转动,或将气阀放入阀座中转动 20°～30°,气阀不要拍打。如果铅笔痕迹均在密封环带部分中断,则说明密封良好。

(2)煤油渗漏检验法。如图 2-26 所示,将气缸盖倒置,把气阀装入阀座,在阀座坑内阀盘底面上倒入煤油,10 min 后擦净煤油并迅速提起气阀,观察配合面上有无渗入煤油。若没有煤油渗漏,则表明密封良好。

图 2-25 铅笔画线检验法

图 2-26 煤油渗漏检验法

2. 气阀的装配

气阀的装配程序与拆卸时相反,但在安装时应注意以下几个问题:

(1)安装气阀时,要对各部位进行清洁并加注适量的润滑油,如图 2-27 所示。

(2)检查气阀杆与导筒之间有无卡滞、松动现象,上下应能活动自如、间隙合适。

(3)注意各个气阀机构零件的位置记号,不要弄错。

(4)如图 2-28 所示,装上气阀拆装专用工具,向下压下压杆气阀使上弹簧承盘向下,压缩气阀弹簧,然后将两半块锁夹放入上弹簧承盘锥孔与气阀杆细颈处,再慢慢放松压杆,上弹簧承盘在气阀弹簧作用下复位,并使两块锁夹固紧。

图 2-27 清洁气阀并加润滑油

图 2-28 气阀安装

(5)把装好气阀的气缸盖装回柴油机架上，装上摇臂机构，气阀拆检完成。

3. 完工检验记录

_____

4. 根据所学知识，对船舶柴油机日常使用维护提出合理化建议

_____

● 自我检验与提高

一、理论习题

（一）单项选择题

1. 关于进气阀定时的错误认识是（　　）。

A. 进气阀开得过早将产生废气倒灌

B. 进气阀应在上止点时开启

C. 进气阀关得太晚，部分新气将从进气阀排出

D. 进气阀间隙不适当将影响其定时

2. 排气阀提前开启角增大，则膨胀功（　　），排气功（　　）。

A. 增大　减小　　　　　　　　　B. 增大　增大

C. 减小　减小　　　　　　　　　D. 减小　增大

3. 柴油机排气阀在下止点前打开，其主要目的是（　　）。

A. 排尽废气、多进新气　　　　　B. 减少排气冲程耗功

C. 减少新气、废气掺混　　　　　D. 增加涡轮废气能量

4. 排气阀提前开启角减小，给柴油机工作带来的主要不利因素是（　　）。

A. 排气温度增高　　　　　　　　B. 排气耗功增加

C. 新气进气量减小　　　　　　　D. B+C

5. 为了延长排气阀的使用寿命，保证受热后气阀的密闭性，阀盘与阀座之间的接触是（　　）。

A. 中速柴油机的阀座与阀盘宜采用外接触线密封，而大型长行程低速柴油机采用内接触线密封

B. 中速柴油机的阀座与阀盘宜采用内接触线密封，而大型长行程低速柴油机采用外接触线密封

C. 中速柴油机和大型低速柴油机均应采用内接触线密封

D. 中速柴油机和大型低速柴油机均应采用外接触线密封

（二）简答题

1. 排气阀损坏形式有哪些？

2. 如何对气阀进行研磨？

3. 气阀与阀座互研后如何进行密封性检查？

二、技能检验与提高

请对下面故障案例进行分析,确定故障原因,并制定出维修方案。

某轮船在正常航行过程中,突然二号运行辅机出现异响,其二缸排烟温度高报警,增压器喘振。当班轮机员马上启动第一备用发电机,并电,解列二号发电机并停车。经认真检查发现二号辅机排气阀阀杆在HALF块处断裂,故要求对其进行检修。

● 任务考核表

评价模块	评价内容	评价等级	综合评价
自我评价(20%)	通过本次故障维修方案制定,我学到的知识点和技能点:_____		
	不理解的:_____		
	我认为在以下方面还需要深化学习,并提升岗位能力:_____		
组内互评(30%)	按时上课,工装齐备,书、笔齐全		
	安全操作,责任心强,7S管理规范		
	学习积极主动,合理使用教学资源,主动帮助他人		
	接受工作分配,有效沟通,高效完成工作任务		
教师评价(50%)	评语:		

学习笔记:

任务五　维修船舶柴油机喷油器

📋 任务规则

工作任务	维修船舶柴油机喷油器	教学模式	任务驱动
学时	4学时	教学场地	船舶柴油机实训室
任务描述	某船舶主机为MANB&W6S50MC型，检修过程中发现第二缸主机排烟温度为360 ℃，而其他缸的排温只有320 ℃左右。经检查确认扫气温度、主机燃油黏度和压力、第二缸节气门刻度等均在正常范围内。在确保不影响航行安全和机器安全的情况下，停车检查。把第二缸两只喷油器拔出检查并做雾化试验，喷油嘴的喷孔有两个被积炭不完全堵塞，破坏了燃油雾化和燃烧室的配合，不利于和空气混合，并伴随喷油器二次喷射，从而使排烟温度升高。需对此喷油器进行检修		
学习目标	1. 了解船舶柴油机喷油器检修要求。 2. 掌握船舶柴油机喷油器故障检查与修理方法。 3. 能正确对船舶柴油机喷油器进行安装。 4. 能正确对船舶柴油机喷油器进行检查和维修。 5. 树立安全意识和团队合作意识		
学习任务	1. 任务规划 (1)人员分组：每小组8～10人； (2)小组按工作任务作业表进行分析和资料学习； (3)小组经过讨论制定维修方案，每小组选派一人进行方案讲解，经过全体同学讨论，确定最佳实施方案； (4)任务实施：船舶柴油机喷油器拆卸、船舶柴油机喷油器故障勘验、船舶柴油机喷油器维修、船舶柴油机喷油器装配、船舶柴油机喷油器维修完工检查； (5)自我检验与提高； (6)维修船舶柴油机喷油器任务评分。 2. 相关资源 可拆装船舶柴油机，船舶柴油机说明书，拆装、测量工具等		

📖 学习活动

一、勘验船舶柴油机喷油器故障

班级＿＿＿＿＿＿　姓名＿＿＿＿＿＿　学号＿＿＿＿＿＿　日期＿＿＿＿＿＿

(一)学习与工作目标

(1)能确认船舶柴油机喷油器实际的故障现象。
(2)建立初步故障维修思路。

(二)学习与工作过程

1. 按照操作规范要求拆卸船舶柴油机第二缸喷油器

喷油器拆装前,先准备好必备的工具,如图 2-29 所示。

图 2-29 拆卸工具

关闭燃油进出口阀,泄放高压油管和喷油器内的油,拆卸并移走燃油高压油管。将回油管从喷油器上拆下来。拆下螺母和弹簧套,取出喷油器,如果喷油器被卡住,则用专用工具拆下喷油器。

测量喷油器喷嘴凸出部分长度并做好记录,以便对比,确保正确安装。将喷油器倒置在工具台上,套上锁紧帽拆卸专用工具,拆除锁紧帽。慢慢取下喷油器本体,注意防止元件从本体中滑落。按顺序从本体中依次取出推力杆组件、叉形推块、针阀组件、喷油嘴。各元件名称分别如图 2-30 所示。

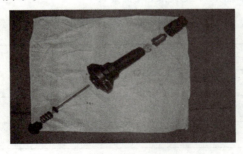

图 2-30 喷油器元件

喷油器的启阀大小可通过更换推力杆组件弹簧或垫片厚度调整。推力杆组件由推杆、调节垫片、弹簧和弹簧压盖组成。

喷油嘴组件如需拆卸,慢慢取出其中的针阀。如果喷油器有滴漏现象,则可能是针阀密封不良,如果不严重,可用对针阀和阀座进行配套研磨的方法进行解决。

使用专用工具插在针阀的中心油孔中,将针阀涂上机油后放入导套,轻轻上下敲击。需要注意的是,针阀导套、推力块和阀杆是匹配的零件,若研磨也无法保持密封,应整体换新,不可单独更换。

喷油器解体后,对各零部件进行必要的清洗、检查和研磨,并用干净的不会留有棉絮的布擦拭干净。

喷油器拆除后,如果不立即拆检,需浸泡在柴油中。

2. 勘验船舶柴油机喷油器,确定故障原因

(1)喷油器偶件的主要损伤形式。

①出油阀导向面和减压凸缘阀座的内孔磨损会使配合间隙增大、泵油量增多,造成不完全燃烧。

②密封锥面和座面的磨损导致密封性下降,高压油回流,泵油压力下降。

③针阀体端面腐损,针阀体端面长期使用会因燃油、冷却水使其发生微观电化学腐蚀,从而使与喷油器本体或喷油嘴结合面处的密封性下降,产生燃油泄漏和油压降低、雾化不良等。

④喷孔磨损与堵塞,喷孔直径和喷孔的长径比对燃油的雾化影响很大。由于高速高压燃油的冲刷使喷孔磨损,孔径变大;燃烧不良、积炭严重时又会使喷孔堵塞,孔径变小。不论喷孔的磨损还是堵塞都破坏了燃油雾化与燃烧室的配合,不利于与空气的混合。

(2)喷油嘴偶件。喷油嘴偶件经检查,若发现有下列情况应报废:

①针阀体密封端面有较严重的腐蚀。

②针阀外径上有较严重的划痕。

③针阀体喷孔上有裂纹。

④喷油孔直径超差10%。

3. 填写船舶柴油机喷油器故障勘验报告(表2-23)

表2-23 船舶柴油机喷油器故障勘验报告

设备基本信息	
故障现象	
故障原因分析	
故障排除措施	
预计所需备件器材	
故障勘验的注意事项	

4. 故障确认

根据船舶柴油机喷油器勘验报告,对其故障进行说明。

二、制定船舶柴油机喷油器故障维修方案

班级_____ 姓名_____ 学号_____ 日期_____

(一)学习与工作目标

(1)能根据船舶柴油机喷油器故障勘验结果制定维修方案。
(2)能够展示学习成果并相互评价。

(二)学习与工作过程

根据任务要求,确定所需要的知识、设备、工具,并对小组成员进行合理分工,制定完成船舶柴油机喷油器维修任务的详细方案。

1. 船舶柴油机喷油嘴偶件维修方法及要求

(1)若针阀阀体密封端面有轻微划痕,则视情况可用研磨的方法进行修复。
(2)当针阀偶件雾化不良,但密封部分磨损不太严重时,可用研磨法进行修复。
(3)针阀在针阀体中有阻滞现象,可采用针阀与阀体研配或机加工的方法进行修复。
(4)偶件配合面磨损后,一般允许更换部分零件进行研配修复。
(5)喷油嘴偶件的密封性试验:

①喷油针阀偶件的颈部密封性,一般采用油液降压法检验。试验时,油液自针阀偶件尾部中孔泵入,针阀体密封端面应密封,不允许有油渗漏。如果以喷油器进油孔进油方法来检验,则要求每次试验前必须进行数次喷油,以排尽空气。试验时,允许将喷油器开阀压力调整到比规定值高 2~3 MPa,检查针阀偶件的渗油现象,以手背擦拭喷孔头部,手背上应无油。

②进行喷油嘴偶件密封锥面的密封试验时,在比规定的启阀压力低 2 MPa 的油压下 10 s 不得有渗漏,允许喷孔周围有微量湿润,但不得有油液集聚现象。

(6)喷油嘴偶件的喷雾检验。喷油嘴偶件的喷雾检验可与密封性检验同时进行,将启阀压力调到规定值,连续进行喷射,喷雾应符合下述要求:

①喷出的燃油呈雾状,无肉眼可见的飞溅油粒和连续油柱及局部雾化不均匀现象;
②喷油开始和终了时有清脆的声音;
③喷射开始前和终了后不得有渗漏,允许喷孔周围有湿润现象。当针阀直径大于 10 mm 时,允许喷孔周围有油液集聚现象,但不得滴漏。

2. 根据勘验报告,制定船舶柴油机喷油器故障维修方案

(1)船舶柴油机喷油器故障维修方案:_____

_____

(2)所需要的知识、设备、工具:_____

_____

(3)小组人员分工(表2-24)。

表2-24 工作岗位人员分工表

工作岗位	人员姓名
主修人员	
辅修人员	
工具管理	
零件摆放	
安全监督	
质量检验	
7S监督	

三、实施船舶柴油机喷油器故障维修方案

班级_____ 姓名_____ 学号_____ 日期_____

(一)学习与工作目标

(1)能够根据已制定的维修方案排除故障。
(2)能够总结排除故障思路并相互评价。

(二)学习与工作过程

(1)按照制定的故障维修方案维修船舶柴油机喷油器。对喷油器壳体、喷油器头部、推力杆等部件表面进行仔细清洁和检查。如果阀头高压油管密封面严重损伤,则需用研磨工具研磨。检查密封面直径确保其不超过最大值。如果有需要,各密封面用随机供应的研磨工具和细研磨砂(例如500号金刚砂)进行手工研磨。

研磨的密封面包括喷油头内密封面、高压油管密封面、推力杆密封面、喷油器本体底部内密封面和喷油器本体小端圆弧面。在研磨之后,所有零部件应在轻柴油中清洗,并用压缩空气吹净余留的研磨砂。

(2)总结故障的排除思路。
故障的排除思路:_____。
(3)其他组的思路给我们的启示。
启示:_____。

四、船舶柴油机喷油器故障维修完工检验

班级_____ 姓名_____ 学号_____ 日期_____

(一)学习与工作目标

(1)能够按照企业标准对船舶柴油机喷油器维修结果进行检验。
(2)能够确认排除故障。

(二)完工检验及记录

1. 安装后的检查

在检修后,所有的喷油器在装入气缸盖之前必须进行功能试验。

喷油器的功能试验在专用的试验台(图 2-31)上进行。将喷油器放在试验台固定装置上,上紧连接高压油泵的高压油管,用接油装置把喷油器泄油口引入其中。

图 2-31 喷油器功能试验台

喷油器功能测试共需要测试以下三项内容,必须按规定的顺序进行。

(1)冲洗和喷油方向测试。冲洗和喷油方向测试的目的是消除系统中的空气并检查燃油喷射方向。

冲洗和喷油方向测试的方法:将长管套在控制手柄上,慢慢下压控制手柄,直到开始直线喷射。油从至少一个喷油孔内成直线喷出(无雾化)。由于喷油嘴内部的几何形状,在压力测试期间阀芯提升的高度比正常柴油机运转期间的高度低,不需要燃油从所有喷油孔中流出。如果不能呈直线喷出,可能的原因是喷油孔内积污、喷油嘴不适合导销、喷油孔变形、喷油嘴型号不对。

当进行喷射操作时,如果有很多油从喷油器头部的泄油孔中流出,则要考虑以下两个原因:一是喷油器螺栓没有上紧,油从推力杆和杆导体间的缝隙处溢出;二是止回阀有缺陷,当喷油器的油压升高时,止回块的回油孔不能关闭。

(2)启阀压力测试。下压控制手柄,增加油压直到通过喷孔能看到燃油不断流出。

检查压力表上的开启压力。如果开启压力比规定的压力高,则原因是弹簧的型号使用错误。更换推力轴上的弹簧,如果有需要,可更换整个推力杆;如果开启压力低于规定的值,原因可能是弹簧变松了,更换弹簧或增加一个专用的薄片。

(3)密封性。检查针阀是否能正确关闭。

下压控制手柄,慢慢地增加油压至低于开启压力约 2 MPa,保持控制手柄的状态以保持已形成的压力。观察液压油的压力表和阀头泄油孔的液压油泄漏,此时应该没有油从喷孔中流出,在 10 s 内不得有渗漏,允许针阀体孔周围稍微潮湿,但不允许有油液聚集现象。如有渗漏,则说明针阀偶件锥面密封性不好。

调整启阀压力高于正常启阀压力 2~3 MPa,下压控制手柄,慢慢地增加油压,在启阀压力的油压的作用下检查针阀偶件的漏油现象,以手背擦拭针阀头部喷孔周围,手背应无油,表明针阀偶件圆柱面密封良好。

2. 完工检验记录

_____

3. 根据所学知识,对船舶柴油机日常使用维护提出合理化建议

_____

● 自我检验与提高

一、理论习题

(一)单项选择题

1. 喷油器针阀与阀座密封面磨损下沉后产生的后果是(   )。
   A. 密封面性能变好   B. 针阀升程变小
   C. 密封面压强增大   D. 密封面压强变小

2. 为了保证喷油器针阀与针阀座可靠的密封性,要求针阀密封环带的宽度与位置是(   )。
   A. 宽度越窄越好且位于针阀锥面中间
   B. 宽度越窄越好且位于针阀锥面上边
   C. 宽度在 0.3~0.5 mm 且位于针阀锥面中间
   D. 宽度在 0.3~0.5 mm 且位于针阀锥面上边缘

3. 喷油器的针阀偶件配合面过度磨损、喷孔部分堵塞等将引起(   )。
   A. 泵油压力下降   B. 喷油量减少   C. 滴油   D. 雾化不良

4. (   )是对喷油器偶件密封性检查的综合检验方法。
   A. 滑动试验   B. 燃油漏损定量法   C. 雾化试验   D. 启阀压力试验

5. 当对喷油器进行密封性检查时,正确的操作是(   )。
   A. 油压小于启阀压力   B. 缓慢泵油
   C. 迅速泵油   D. A+B

6. 喷油器针阀偶件的密封面检查部位有(   )。
   A. 针阀与针阀体圆柱面   B. 针阀与针阀座锥面

C. 针阀体与喷油器本体，喷油嘴端平面　　D. A＋B＋C

(二)简答题

1. 喷油器偶件的主要损伤形式有哪些？它们分别可能引发哪些故障问题？
2. 喷油器功能测试的内容有哪些？

二、技能检验与提高

请对下面故障案例进行分析，确定故障原因，并制定出维修方案。

某轮船在航行中发现主机二缸排烟温度偏低。用手触摸两根高压油管，船头一根高压油管脉动很弱。在经驾驶台同意后停车，拆出二缸船头的喷油器。经试验台测试其气阀压力不到 100 bar[①]，正常该型号主机气阀压力为 320～350 bar。拆检发现其喷油器弹簧断裂损坏，故要求对其进行检修。

• 任务考核表

评价模块	评价内容	评价等级	综合评价
自我评价(20%)	通过本次故障维修方案制定，我学到的知识点和技能点：_____		
	不理解的：_____		
	我认为在以下方面还需要深化学习，并提升岗位能力：_____		
组内互评(30%)	按时上课，工装齐备，书、笔齐全。		
	安全操作，责任心强，7S管理规范。		
	学习积极主动，合理使用教学资源，主动帮助他人。		
	接受工作分配，有效沟通，高效完成工作任务。		
教师评价(50%)	评语：		

学习笔记：

_____
_____
_____
_____
_____

---

① 1 bar＝0.1 MPa。

任务六　维修船舶柴油机高压油泵

任务规则

工作任务	维修船舶柴油机高压油泵	教学模式	任务驱动
学时	4学时	教学场地	船舶柴油机实训室
任务描述	某船为21年的老龄船舶,在进船厂修船重油转换轻油完成后,由于停靠船厂码头频繁用车,在一次启动主机过程中突然主机不能发火,检查确认启动空气压力正常,燃油黏度和压力正常。主机出现燃油泄漏报警,主机高压油泵泵体有燃油轻微泄漏的痕迹。初步怀疑由于主机常年使用重油,造成柱塞和套筒精密偶件磨损,配合间隙增大。高压油泵在使用轻油后,由于轻油黏度低,燃油内部泄漏,故高压油泵压力不足,主机无法发火,需进厂进行维修。		
学习目标	1. 了解船舶柴油机高压油泵检修要求。 2. 掌握船舶柴油机高压油泵故障检查与修理方法。 3. 能正确对船舶柴油机高压油泵进行安装。 4. 能正确对船舶柴油机高压油泵进行检查和维修。 5. 树立安全意识和团队合作意识		
学习任务	1. 任务规划 (1)人员分组:每小组8~10人; (2)小组按工作任务作业表进行分析和资料学习; (3)小组经过讨论制定维修方案,每小组选派一人进行方案讲解,经过全体同学讨论,确定最佳实施方案; (4)任务实施:船舶柴油机高压油泵故障勘验、船舶柴油机高压油泵维修、船舶柴油机高压油泵装配、船舶柴油机高压油泵维修完工检查; (5)自我检验与提高; (6)维修船舶柴油机高压油泵任务评分。 2. 相关资源 可拆装船舶柴油机,船舶柴油机说明书,拆装、测量工具等		

学习活动

一、勘验船舶柴油机高压油泵故障

班级＿＿＿＿＿＿　姓名＿＿＿＿＿＿　学号＿＿＿＿＿＿　日期＿＿＿＿＿＿

(一)学习与工作目标

(1)能确认船舶柴油机高压油泵实际的故障现象。
(2)建立初步故障维修思路。

(二)学习与工作过程

(1)按照操作规范要求拆卸船舶柴油机高压油泵。
(2)勘验船舶柴油机高压油泵,确定故障原因。
①柱塞和套筒偶件的主要损伤形式。
　a. 配合面的磨损使配合间隙增大,高压油泵的泵油压力降低,进而使喷油压力降低,雾化不良,燃烧恶化。
　b. 各缸油泵的柱塞、套筒偶件磨损不同,油泵的泵油压力不同,各缸喷油量不等,以致各缸功率不同。
　c. 栓塞表面的穴蚀,造成喷油压力降低。
　d. 偶件配合的拉痕和咬死,栓塞和套筒工作表面上还会产生纵向拉痕、磨损,栓塞与套筒卡紧甚至咬死。这种损坏主要是由燃油净化不良,含有较多坚硬的机械杂质,以及配合间隙过小和零件材料热处理不当等引起。
②出油阀偶件。出油阀偶件解体、检查、测量,若发现有下列情况者应予以报废:
　a. 检查阀头、阀座下沉量超过说明书标准;
　b. 锥形面上有裂纹或较深的轴向划痕;
　c. 出油阀阀体有裂纹。
③柱塞偶件。柱塞偶件经检查,若发现有下列情况者应予报废:
　a. 柱塞表面有严重的划痕;
　b. 柱塞头端面的斜槽、直槽(起配油作用的边缘)有倒棱或腐蚀;
　c. 柱塞或柱塞套上有裂纹;
　d. 柱塞套端面和内孔表面有腐蚀或较深刻痕。
(3)填写船舶柴油机高压油泵故障勘验报告(表2-25)。

表 2-25　船舶柴油机高压油泵故障勘验报告

设备基本信息	
故障现象	
故障原因分析	
故障排除措施	
预计所需备件器材	
故障勘验的注意事项	

(4)故障确认。根据船舶柴油机高压油泵勘验报告,对其故障进行说明。

二、制定船舶柴油机高压油泵故障维修方案

班级_____ 姓名_____ 学号_____ 日期_____

(一)学习与工作目标

(1)能根据船舶柴油机高压油泵故障勘验结果制定维修方案。
(2)能够展示学习成果并相互评价。

(二)学习与工作过程

根据任务要求,确定所需要的知识、设备、工具,并对小组成员进行合理分工,制定完成船舶柴油机高压油泵维修任务的详细方案。

1. 船舶柴油机高压油泵维修要求

(1)出油阀偶件。
①出油阀工作面有损伤或密封性不严现象,视情况采取机加工和研配的方法修复;
②修复后,出油阀与阀座相配合的圆柱工作面之间的径向间隙为 $0.010\sim0.015$ mm;
③修复后,出油阀偶件工作面密封性试验:油压从 25 MPa 降至 10 MPa 的时间不少于 60 s。
(2)柱塞偶件。
①柱塞套上端面划痕,视情况可用研磨的方法进行修复;
②若柱塞在柱塞套中有阻滞现象,则可采用柱塞和柱塞套进行研配的方法修复;
③修理后柱塞偶件配合间隙为 $0.012\sim0.04$ mm;
④柱塞偶件的滑动性试验:将偶件清洁干净,装配后使偶件与水平面成 45°,将柱塞抽出长度的 1/3,并围绕柱塞轴线转动任何位置,放手后,柱塞借本身的重量自由地滑下,不得有阻滞现象。
⑤柱塞偶件的密封性试验:
a. 采用油液等压法试验时,柱塞套密封端面应密封,无油液渗漏现象;
b. 采用油液降压法试验时,油自柱塞套上端泵入,柱塞套密封端面应密封,柱塞相对于柱塞套回油孔的角度位置,应相当于喷油泵额定供油量处,柱塞配油端面在柱塞锁定供油量有效行程 1/2 处,油压从 30 MPa 降至 5 MPa 的时间应不少于 20 s。

2. 柱塞偶件的修复

(1)尺寸选配法。将一批磨损报废的柱塞、套筒分别精磨和研磨,消除几何形状误差后按加工后的尺寸重新装配,保证在要求的配合间隙下互研成一对新偶件。
(2)修理尺寸法。保留套筒,机械加工消除几何形状误差,按修理后的套筒尺寸配制柱塞,互研后达到要求的配合间隙。

(3)镀铬修复。采用镀铬工艺修复要求的配合间隙。

3. 根据勘验报告，制定船舶柴油机高压油泵故障维修方案

(1)船舶柴油机高压油泵故障维修方案：_____
_____
(2)所需要的知识、设备、工具：_____
_____
(3)小组人员分工(表 2-26)。

表 2-26　工作岗位人员分工表

工作岗位	人员姓名
主修人员	
辅修人员	
工具管理	
零件摆放	
安全监督	
质量检验	
7S 监督	

三、实施船舶柴油机高压油泵故障维修方案

班级_____　姓名_____　学号_____　日期_____

(一)学习与工作目标

(1)能够根据已制定的维修方案排除故障。
(2)能够总结排除故障思路并相互评价。

(二)学习与工作过程

(1)按照制定的故障维修方案维修船舶柴油机高压油泵。
(2)总结故障的排除思路。
故障的排除思路：_____。
(3)其他组的思路给我们的启示。
启示：_____。
(4)高压油泵的回装。清洁好喷油泵体，并在内表面涂上润滑油。在柱塞套筒组件涂上润滑油，把喷油泵平放在工作台上，把喷油泵套筒放入泵体，主要套筒和泵体的定位如图 2-32 所示。

图 2-32　泵体和套筒用定位螺栓定位

把喷油器倒放在工作台上，装上喷油泵齿条以及齿条的导向螺栓，注意齿条的位置。装上喷油泵的齿圈，注意齿圈和齿条标记对齐，如图 2-33 所示；装配中，用手电筒观察两者的标记是否对齐，如图 2-34 所示。

图 2-33　齿圈和齿条的标记对齐

图 2-34　观察齿圈和齿条的标记是否对齐

安装喷油器的弹簧座和弹簧，将喷油器的柱塞放入套筒，注意喷油器柱塞横销标记位置对准喷油泵进油孔的方向，如图 2-35 所示。

利用专用工具下压喷油器的导套，将卡簧安装到卡簧槽内，如图 2-36 所示。将喷油器正立在工作台上，安装出油阀和出油阀接头，如图 2-37 所示，喷油泵安装完毕。

图 2-35 柱塞横销的位置

图 2-36 安装喷油泵导套和卡簧

图 2-37 安装喷油泵出油阀和接头

四、船舶柴油机高压油泵故障维修完工检验

班级_____ 姓名_____ 学号_____ 日期_____

(一)学习与工作目标

(1)能够按照企业标准对船舶柴油机高压油泵维修结果进行检验。
(2)能够确认排除故障。

(二)完工检验及记录

(1)完工检验记录。

_____

(2)根据所学知识,对船舶柴油机日常使用维护提出合理化建议。

_____

• 自我检验与提高

一、理论习题

(一)单项选择题

1. 喷油泵柱塞偶件磨损后产生的后果是(　　)。

Ⅰ.燃油喷射压力降低；Ⅱ.喷油提前角增大；Ⅲ.喷射延后；Ⅳ.供油量减小；Ⅴ.柱塞行程改变,供油量不变；Ⅵ.供油定时不变

　　A. Ⅰ+Ⅱ+Ⅲ　　　　　　　　　　B. Ⅲ+Ⅳ+Ⅴ
　　C. Ⅰ+Ⅲ+Ⅳ+Ⅴ　　　　　　　　D. Ⅱ+Ⅴ+Ⅵ

2. 回油孔式喷油泵柱塞偶件磨损后,将会使喷油泵(　　)。

　　A. 供油量增加　　　　　　　　　B. 喷油压力上升
　　C. 供油定时延后　　　　　　　　D. 供油定时超前

3. 喷油泵的出油阀锥形密封面产生泄漏时,对喷油定时的影响是(　　)。

　　A. 定时延后　　　　　　　　　　B. 定时提前
　　C. 定时不变　　　　　　　　　　D. 无规律

4. 喷油泵柱塞偶件磨损后其供油提前角的调整措施是(　　)。

　　A. 酌情减小　　　　　　　　　　B. 酌情增大
　　C. 保持不变　　　　　　　　　　D. 视喷油泵结构而定

5. 柴油机喷油泵密封性的检查普遍采用(　　)。

　　A. 泵压法　　　　　　　　　　　B. 透光法
　　C. 自由下落法　　　　　　　　　D. 煤油渗漏法

6. 回油孔式喷油泵柱塞偶件长期使用后,其磨损部位最易出现在(　　)。

　　A. 柱塞头部压油区　　　　　　　B. 套筒内回油孔上部
　　C. 螺旋槽的工作区　　　　　　　D. B+C

(二)简答题

1. 柱塞和套筒偶件的主要损伤形式有哪些?它们分别可能引发哪些故障问题?
2. 柱塞偶件的修复方法有哪些?

二、技能检验与提高

请对下面故障案例进行分析,确定故障原因,并制定出维修方案。

某轮船在装完货开航后，主机备车航行过程中发现主机第三缸排烟温度偏低，并伴随着下降趋势。经大管轮和轮机长检查，排烟温度显示器正常，节气门刻度和其他缸基本一致，两只喷油器的高压油管脉动弱。在航行至安全海域后，停车对高压油泵拆检发现，第三缸的高压油泵的 SUCTION VALVA 积炭严重，阀芯基本卡死，清洁装复后恢复正常。

● 任务考核表

评价模块	评价内容	评价等级	综合评价
自我评价(20%)	通过本次故障维修方案制定，我学到的知识点和技能点：_____ 不理解的：_____ 我认为在以下方面还需要深化学习，并提升岗位能力：_____		
组内互评 (30%)	按时上课，工装齐备，书、笔齐全 安全操作，责任心强，7S管理规范 学习积极主动，合理使用教学资源，主动帮助他人 接受工作分配，有效沟通，高效完成工作任务		
教师评价 (50%)	评语：		

学习笔记：

项目三　维修船舶辅助机械

任务一　维修船用离心泵

📋 任务规则

工作任务	维修船用离心泵	教学模式	任务驱动
学时	4 学时	教学场地	船舶辅机实训室
任务描述	\multicolumn{3}{l|}{某船舶修理厂负责对一艘散货船进行维修,在检查船用 1 号压载水泵期间,发现压载水泵在运转过程中,离心泵体振动,有噪声,功率增大,效率降低。随后工作人员打开离心泵,检查密封环与叶轮之间的间隙为 0.7 mm,根据测量数据和船东协商对密封环或叶轮进行修复、调整或更换}
学习目标	\multicolumn{3}{l|}{1. 了解船用离心泵故障勘验内容。 2. 了解船用离心泵密封环与叶轮径向间隙的维修要求。 3. 掌握船用离心泵故障维修完工检验项目及内容。 4. 能正确对船用离心泵密封环与叶轮间隙故障进行维修。 5. 能正确对船用离心泵进行安装。 6. 树立安全意识和团队合作意识}
学习任务	\multicolumn{3}{l|}{1. 任务规划 (1)人员分组:每小组 8~10 人; (2)小组按工作任务作业表进行分析和资料学习; (3)小组经过讨论制定维修方案,每小组选派一人进行方案讲解,经过全体同学讨论,确定最佳实施方案; (4)任务实施:船用离心泵的拆卸、船用离心泵的故障勘验、船用离心泵维修、船用离心泵装配、船用离心泵维修完工检查; (5)自我检验与提高; (6)维修船用离心泵任务评分。 2. 相关资源 可拆装船用离心泵、拆装及测量工具、企业维修案例等}

学习活动

一、勘验船用离心泵故障

班级_____ 姓名_____ 学号_____ 日期_____

(一)学习与工作目标

(1)能确认船用离心泵实际的故障现象。
(2)建立初步故障维修思路。

(二)学习与工作过程

1. 按照操作规范要求拆卸离心泵

(1)离心泵拆装前的准备工作。拆装前准备好所需的工具,关闭泵的吸排阀,关闭电源,并挂上警示牌。

(2)离心泵的拆卸。拆除电动机电源盒盖,将电动机的接线脱开。为了防止安装时接线错误使电动机反转造成过载,线头要做好标记。

电动机通过弹性联轴器和离心泵相连,拆卸离心泵前一般需拆除固定电动机的螺栓,卸下电动机。

拆下的泵壳后端盖如图 3-1 所示,泵轴穿过端盖后末端通过固定螺母连接叶轮。

图 3-1　离心泵端盖

如图 3-2 所示,倒置前端盖总成,用扳手卸下泵轴末端的固定螺母。

图 3-2　拆卸固定螺母

需要特别注意的是，为了防止固定螺母由于旋转惯性而松动，固定螺母旋向一般和叶轮转向相反，拆卸时应注意螺母的旋向可能为反螺纹。

判断固定螺母旋向的方法很简单，船用离心泵一般为后弯叶片，通过叶片弯曲方向就可以大致判断出离心泵的转向，固定螺母旋松方向和叶轮转向相同。

如图 3-3 所示，取下固定螺母后就可以取出叶轮，若拿不下来，则可以用拉马轻轻拉出。

图 3-3　离心泵叶轮

若离心泵的前端盖和轴承室是可拆分结构，则卸掉周围螺栓，用螺钉旋具略微撬动，即可拆下前端盖。

如图 3-4 所示，反转前端盖，拆除轴封压盖螺母，取下轴封压盖，顺次取下每道填料式轴封。

2. 勘验船用离心泵内部，确定故障原因

(1) 检查离心泵的进水水质。

(2) 检查离心泵密封环与叶轮之间的径向间隙。

(3) 检查叶轮螺母是否松脱，导致叶轮松动偏磨。

(4) 检查离心泵是否长时间处于气蚀状态。

(5) 拆卸叶轮，检查其中是否有泥砂、海生物。

图 3-4　前端盖及轴封压盖

3. 填写船用离心泵故障勘验报告（表 3-1）

表 3-1　船用离心泵故障勘验报告

设备基本信息	
故障现象	
故障原因分析	
故障排除措施	
预计所需备件器材	
故障勘验的注意事项	

4. 故障确认

根据船用离心泵勘验报告，对其故障进行说明。

二、制定船用离心泵密封维修方案

班级_____ 姓名_____ 学号_____ 日期_____

(一)学习与工作目标

(1)能根据船用离心泵故障勘验结果制定维修方案。
(2)能够展示学习成果并相互评价。

(二)学习与工作过程

根据任务要求，确定所需要的知识、设备、工具，并对小组成员进行合理分工，制定完成船用离心泵维修任务的详细方案。

1. 船用离心泵密封环与叶轮径向间隙的维修要求

密封环(图 3-5)是在叶轮(图 3-6)进口处的泵壳上镶装的一种金属圆环(也称口环)，其作为离心泵叶轮的一种密封结构，主要作用是防止叶轮和壳体间隙之间的内部泄漏并保护泵壳和叶轮。在离心泵的运行过程中密封环磨损不可避免，其磨损情况将直接影响到离心泵的运行效率和可靠性，严重的还会影响离心泵的性能。

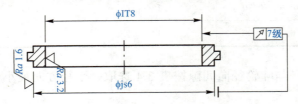

图 3-5 密封环

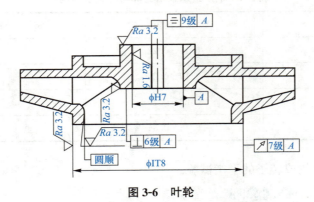

图 3-6 叶轮

密封环的间隙大小与环的内径大小有关。密封环与叶轮径向间隙值应符合表 3-2 的要求。

表 3-2　密封环与叶轮径向间隙值　　　　　　　　　　　　　　mm

密封环内径	安装间隙		修换间隙	极限间隙
	总间隙	半径方向允许值		
≤80	0.28～0.38	0.07～0.31	0.70	1.05
80～120	0.32～0.43	0.07～0.36	0.80	1.20
120～150	0.36～0.49	0.08～0.41	0.90	1.35
150～180	0.39～0.52	0.09～0.43	1.00	1.50
180～215	0.43～0.58	0.09～0.49	1.10	1.65
215～250	0.46～0.61	0.10～0.51	1.15	1.73

多级泵各级之间的隔套内径配合间隙应符合表 3-3 的要求。

表 3-3　多级泵各级之间的隔套内径配合间隙　　　　　　　　mm

密封环内径	安装间隙		修换间隙	极限间隙
	总间隙	半径方向允许值		
250～280	0.50～0.67	0.11～0.56	1.25	1.88
280～315	0.53～0.70	0.11～0.59	1.35	2.03
315～355	0.57～0.75	0.12～0.64	1.45	2.18
355～400	0.62～0.80	0.13～0.67	1.55	2.33
400～500	0.70～0.90	0.14～0.76	1.75	2.63

锅炉给水泵密封环与叶轮径向间隙按表 3-4 选取，半径方向最小装配间隙不小于最小安装间隙值的 20%。

表 3-4　锅炉给水泵密封环与叶轮径向间隙　　　　　　　　　mm

密封环内径	安装间隙	极限间隙
≤50	0.17～0.22	0.45
50～80	0.19～0.25	0.51
80～120	0.22～0.29	0.60
120～150	0.26～0.34	0.70

必要时应进行叶轮或转子的平衡试验。

2. 船用离心泵密封环与叶轮间隙维修方法

(1)改善水质，抬高或吊起水泵进口。

(2)检查叶轮，如有缺陷，可采用焊补、粘接、镶套等修理方法，必要时进行更换。离心泵密封环与叶轮材料见表 3-5。

表 3-5 泵用材料

零件名称	第一类		第二类	
	材料牌号	标准号	材料牌号	标准号
叶轮	ZCuZn16Si4	GB/T 1176—2013	ZCuZn16Si4	GB/T 1176—2013
密封环	ZCuAl10Fe3 ZCuSn10Zn2	GB/T 1176—2013	ZCuAl10Fe3 ZCuSn10Zn2	GB/T 1176—2013

(3)消除气蚀因素,改善抗气蚀性能,并视情况适当降低水泵安装高度。

离心泵气蚀的防治方法如下:

①正确确定水泵的吸水高度,以保证叶轮进口处的压力不低于汽化压力。

②尽量减小吸水管路中的损失水头。

③水泵靠近吸水水面,防止吸水过高造成气蚀。

④利用射流提高进口压力。

⑤尽量使水泵在额定的条件下运行。

3. 根据勘验报告,制定船用离心泵故障维修方案

(1)船用离心泵故障维修方案:＿＿＿＿＿＿＿＿＿＿＿＿＿＿＿＿＿＿＿＿＿＿＿＿＿＿＿＿
＿＿

(2)所需要的知识、设备、工具:＿＿＿＿＿＿＿＿＿＿＿＿＿＿＿＿＿＿＿＿＿＿＿＿＿＿
＿＿

(3)小组人员分工(表 3-6)。

表 3-6 工作岗位人员分工表

工作岗位	人员姓名
主修人员	
辅修人员	
工具管理	
零件摆放	
安全监督	
质量检验	
7S 监督	

三、实施船用离心泵维修方案

班级＿＿＿＿＿ 姓名＿＿＿＿＿ 学号＿＿＿＿＿ 日期＿＿＿＿＿

(一)学习与工作目标

(1)能够根据已制定的维修方案排除故障。
(2)能够总结排除故障思路并相互评价。

(二)学习与工作过程

(1)按照制定的故障维修方案维修船用离心泵。
(2)总结故障的排除思路。
故障的排除思路:_____。
(3)其他组的思路给我们的启示。
启示:_____。
(4)离心泵的回装。

①在泵轴上涂点润滑油,将两端滚动轴承装在轴上,用合适的空心铁管垫在轴承内圈上,击打空心铁管使轴承归位,或将轴承放入热机油,等受热膨胀后再套到泵轴上去,等冷却后即可符合要求。

②清洁好泵轴轴承座,用铜锤慢慢敲击,将装好轴承的泵轴装回轴承架,转动泵轴,看是否活络。

③盖上轴承前后端盖并上紧螺栓。

④装上联轴器泵轴端。

⑤把前端盖整体装回泵轴轴承架上。

⑥将填料轴封装入轴封压盖,注意后几道轴封装时要盘车,防止过紧而使电动机过载。

⑦装回叶轮,注意轴套和叶轮间的定位。

⑧上紧固定螺帽到规定值。

⑨拧上泵端盖和泵壳之间的螺栓,对角均匀上紧,注意泵端盖和泵壳之间的垫片要换新并涂上密封胶,防止漏水,上紧后要转动泵轴,看是否有卡阻。

⑩装回电动机,注意联轴器要到位,上紧电动机与固定架上的螺栓,且边转动叶轮边上紧,看是否有卡阻现象,防止电动机轴线和泵轴轴线不对中。

⑪接上电线并上紧接线盒上螺栓,合上电源,点动启动,查看电动机转向是否正常,若正常,则将泵的吸排阀打开,并摘下警示牌。

四、船用离心泵故障维修完工检验

班级_____ 姓名_____ 学号_____ 日期_____

(一)学习与工作目标

(1)能够按照企业标准对船用离心泵维修结果进行检验。
(2)能够确认排除故障。

(二)完工检验及记录

1. 安装后的检查

(1)主要检查附件与拆前的记号是否一致、各管路连接是否正常、电缆连接是否安装牢靠。

(2)手动盘车是否有卡阻。

(3)打开各个阀门,离心泵(无自吸装置)启动要保证泵体内有水,如果在水线以上,要人为加水,检查各个连接处以及轴封是否漏水。

2. 离心泵的启动

(1)启动前的检查。

①启动前的检查,各部件均正常。

②管路正常。

(2)离心泵的启动。

①打开相关阀门。

②确认正常后进行启动,检查压力表电流表是否正常。

3. 完工检验记录

---

4. 根据所学知识,对船用离心泵日常使用维护提出合理化建议

• 自我检验与提高

一、理论习题

(一)选择题

1. 离心泵的密封环( )。

   A. 可只设静环　　　　　　　　B. 可只设动环

   C. 必须同设动环、定环　　　　D. A 或 B

2. 离心泵在船上不用来作( )。

   A. 货油泵　　　　　　　　　　B. 压载泵

   C. 舱底水泵　　　　　　　　　D. 油水分离器的供水泵

3. 关于离心泵轴承的以下说法中错误的是( )。

   A. 轴承安装前可加热至 150 ℃ 左右再装入轴上

   B. 轴承外圈与安装处通常为过盈配合

   C. 立式泵若有两只止推轴承,通常"背靠背"安装

   D. 水润滑轴承功率损失小,但承载能力低

4. 离心泵部件以下情况不能修复必须换新的是( )。

   A. 泵体出现裂纹　　　　　　　B. 叶轮的叶片因锈蚀而缺损

C. 小型泵轴有少量弯曲　　　　　　D. 叶轮有轻微裂纹

(二)简答题

1. 船用离心泵故障勘验内容有哪些?
2. 简述船用离心泵密封环与叶轮间隙维修的方法。
3. 简述船用离心泵故障维修完工检验项目及内容。

二、技能检验与提高

请对下面故障案例进行分析,确定故障原因,并制定出维修方案。

某轮船造水机在启动过程中发现真空度偏低(70%),对整个系统进行检查发现海水泵压力偏低,只有 3 bar(正常为 5~6 bar),该泵为离心泵,故需对其进行解体维修。

任务考核表

评价模块	评价内容	评价等级	综合评价
自我评价(20%)	通过本次故障维修方案制定,我学到的知识点和技能点:_____		
	不理解的:_____		
	我认为在以下方面还需要深化学习,并提升岗位能力:_____		
组内互评(30%)	按时上课,工装齐备,书、笔齐全		
	安全操作,责任心强,7S管理规范		
	学习积极主动,合理使用教学资源,主动帮助他人		
	接受工作分配,有效沟通,高效完成工作任务		
教师评价(50%)	评语:		

学习笔记:

任务二　维修船用空压机

📋 任务规则

工作任务	维修船用空压机	教学模式	任务驱动
学时	4学时	教学场地	船舶辅机实训室
任务描述	某船舶修理厂负责对一艘散货船进行维修，船舶工作人员启动1号空压机对主空气瓶进行充气，在运行10 min左右，发现空压机高温报警，工作人员现场观察发现空压机排气温度达到121 ℃，随即空压机高温保护停机，空压机冷却后检查相关部件，发现冷却器结垢严重，根据相关情况将冷却器进行维修			
学习目标	1. 了解船用离心泵故障勘验内容。 2. 了解船用空压机温度异常的原因。 3. 掌握船用空压机排气高温维修方法。 4. 掌握船用空压机故障维修完工检验项目及内容。 5. 能正确对船用空压机进行安装。 6. 能正确对船用空压机进行故障检查和维修。 7. 树立安全意识和团队合作意识			
学习任务	1. 任务规划 (1)人员分组：每小组8～10人； (2)小组按工作任务作业表进行分析和资料学习； (3)小组经过讨论制定维修方案，每小组选派一人进行方案讲解，经过全体同学讨论，确定最佳实施方案； (4)任务实施：船用空压机故障勘验、船用空压机维修、船用空压机装配、船用空压机维修完工检查； (5)自我检验与提高； (6)维修船用空压机任务评分。 2. 相关资源 可拆装船用空压机、拆装及测量工具、企业维修案例等			

📖 学习活动

一、勘验船用空压机曲轴故障

班级_____　姓名_____　学号_____　日期_____

(一)学习与工作目标

(1)能确认船用空压机实际的故障现象。

(2)建立初步故障维修思路。

(二)学习与工作过程

1. 按照操作规范要求拆卸船用空压机

(1)拆卸前关闭空压机空气出口管路上的截止阀,关闭冷却水进出口管路上的截止阀并放空残水。打开曲轴箱放油旋塞,放空润滑油。

(2)拆掉空压机上的每级气管和冷却水管,并放到旁边的空地上。

拆掉缸头螺栓,卸掉缸头,该型空压机第一级、第二级进排气阀安装在气缸盖中,如图3-7所示,需拆下检查。

图 3-7 气缸盖

(3)拆下低压级吸入阀,如图3-8所示,注意低压级的吸入阀在吸入滤器壳体,需拆除检查。

图 3-8 低压级吸入阀

(4)拆下级间冷却器,如图3-9所示。

(5)拆下曲轴箱道门上的螺栓,打开曲轴箱道门。

(6)盘车到合适位置,用台虎钳夹住开口销头部拆下连杆螺栓开口销。

图 3-9　拆下级间冷却器

(7)拆下连杆螺母,取出连杆螺栓和下轴瓦,注意垫片不要弄混或丢失。

(8)慢慢向上提出活塞及其连杆组件。活塞大端安装有很多道密封环。

(9)拆除二级排出阀压盖螺栓,取下排出阀压盖,取出二级排气阀。同样方法,取出二级吸气阀。

2. 勘验船用空压机,确定故障原因

(1)检查空气是否进入冷却系统。

(2)检查空压机冷却水泵状况,压力表、阀门是否正常。

(3)拆开冷却器,检查冷却系统是否结垢。

(4)拆检气阀,检查气阀是否漏气。

(5)检查气缸冷却状况。

(6)检查机组系统积碳状况。

3. 填写船用空压机故障勘验报告(表 3-7)

表 3-7　船用空压机故障勘验报告

设备基本信息	
故障现象	
故障原因分析	
故障排除措施	
预计所需备件器材	
故障勘验的注意事项	

4. 故障确认

根据船用空压机勘验报告,对其故障进行说明。

二、制定船用空压机维修方案

班级_____　姓名_____　学号_____　日期_____

(一)学习与工作目标

(1)能根据船用空压机故障勘验结果制定维修方案。
(2)能够展示学习成果并相互评价。

(二)学习与工作过程

根据任务要求，确定所需要的知识、设备、工具，并对小组成员进行合理分工，制定完成船用空压机维修任务的详细方案。

1. 船用空压机温度异常的原因分析

空压机高温是空压机常见的故障之一，冷却不好和气阀泄漏是重要因素。高温还会加剧积炭的产生，积炭过多又是引起机组燃烧或爆炸的直接原因。

(1)空气进入冷却系统将引起空压机故障。空压机运行时若有空气串入冷却水系统，将使空压机因冷却不良、温度升高而引发事故。

(2)冷却系统结垢将引起空压机故障。冷却系统结垢，使冷却水不能有效地与气缸进行换热，导致气缸运行温度升高而引发事故。据调查，造成空压机冷却效果不好的原因有以下几种：

①冷却系统的结构存在着设计制造的缺陷。

②冷却水质差、硬度高且存在杂质，结垢也是不可避免的。这是因为冷却水在运行过程中，当经过换热器时，重碳酸根分解失去平衡，碳酸根离子浓度增加，与水中钙离子生成碳酸钙。碳酸钙的溶解度较低，在设备受热表面沉积，形成水垢。

由于水垢的导热系数低(仅为钢材的 4.0%左右)，随着垢层的加厚，冷却水管的水流通径变小，造成空压机冷却水与气缸体之间的换热效率大大降低，进一步加剧垢层的生长。而空压机冷却系统一旦结垢将会严重威胁空压机的安全运行，首先，垢层部分会形成贫氧区，与冷却系统中的金属产生氧浓差电池效应，引起电化学腐蚀；其次，垢层内部造成嫌氧条件，给硫酸盐还原菌创造生长条件，并加速垢层的生长。垢层的存在将影响空压机效率的提高，造成空压机能耗的增加，严重者将引起空压机着火、爆炸等重大事故，造成人员伤亡及巨大经济损失。

(3)冷却水泵故障，冷却水不足，进机水压力过高，导致冷却效果不好，产生高温。

(4)气阀泄漏导致空气的循环压缩，除排气量减少外，还会造成排气温度过高。特别是在进出港期间，由于机动用车频繁，耗气量大增，造成空气压缩机连续运转，若冷却不良，则极易造成高温。

2. 船用空压机排气高温维修方法

(1)防止空气进入冷却系统，可在冷却水出水管线上安装一个水表外壳，一旦有空气窜入冷却系统，就会在表镜上看到许多气泡，以便及时发现故障，并进行处理。

(2)加强冷却水水质的监控与管理。

(3)对冷却器进行技术改造。有资料表明，使用铜制波纹管冷却器芯效果较好。

（4）定期对空压机进行清洗（除垢）。除垢方法包括机械除垢法和化学除垢法，但很难清除干净。目前的除垢方法以化学除垢法为主。

（5）循环水阻垢新技术。

（6）定期检查气阀的密封性。

3. 根据勘验报告，制定船用空压机故障维修方案

（1）船用空压机故障维修方案：_____
_____

（2）所需要的知识、设备、工具：_____
_____

（3）小组人员分工（表3-8）。

表3-8　工作岗位人员分工表

工作岗位	人员姓名
主修人员	
辅修人员	
工具管理	
零件摆放	
安全监督	
质量检验	
7S监督	

三、实施船用空压机故障维修方案

班级_____　姓名_____　学号_____　日期_____

(一)学习与工作目标

（1）能够根据已制定的维修方案排除故障。

（2）能够总结排除故障思路并相互评价。

(二)学习与工作过程

（1）按照制定的故障维修方案维修船用空压机。

（2）总结故障的排除思路。

故障的排除思路：_____。

（3）其他组的思路给我们的启示。

启示：_____。

(4)船用空压机的回装。

①装复前各密封面清洁干净。

②空压机装复过程中,活塞环的安装是关键,其下部活塞环一般可利用具有锥面的专用工具导入气缸;但上部活塞环在气缸上部,若没有专用安装工具,则需使用螺钉旋具等工具,通过对称顶住活塞环,使其进入气缸。需注意的是,上下两组活塞环应交替顶压,逐层压入气缸。

③在气缸上涂点润滑油,用手抓住活塞连杆组件,把活塞组件慢慢放入气缸。调整上下活塞环的搭口位置,搭扣错开120°或180°。

④曲柄销上涂点润滑油并盘车,使上瓦座在曲柄销上,下瓦涂上润滑油,装上轴承间隙调整片、下轴承座,拧上连杆螺栓并上到规定值,盘车检查有无卡阻现象。缸盖装复前需换新密封垫。装复缸盖,对称交叉拧紧各缸盖螺栓。

⑤依次装入二级吸入阀、排出阀。

⑥依次装入中间冷却器和后冷却器。

⑦安装相关管路。

四、船用空压机故障维修完工检验

班级_____ 姓名_____ 学号_____ 日期_____

(一)学习与工作目标

(1)能够按照企业标准对船用空压机维修结果进行检验。

(2)能够确认排除故障。

(二)完工检验及记录

1. 安装后的检查

(1)主要检查附件与拆前的记号是否一致、各管路连接是否正常、电缆连接是否安装牢靠。

(2)检查活塞环在环槽是否有卡阻。

(3)检查进、排气阀的密封性。

(4)整机的清洁,检查是否有异物留在机体内。

(5)开启冷却水泵,检查各接头、胶圈位置是否有漏水等异常。

2. 空压机加润滑油

(1)加润滑油前必须检查各油道是否顺畅、管路是否连接好。

(2)油底壳必须清洁干净。

(3)对油底壳加入新润滑油。

(4)清洗滤器,长时间冲洗后在细滤器的滤网上没有杂质存在才算合格。

3. 空压机的启动

（1）启动前的检查。

①底座及机身本身螺栓应无松动，无障碍物阻挡，仪表装备正常，手动盘车 12 r，证实内部无异常。

②检查油底壳油位。

③供给冷却水，打开各阀门，打开发气旋塞，直至有整股水流出。

（2）空压机的启动。按启动按钮启动空压机，注意转向、启动电流与声音。

4. 空压机的负荷运转试验和充气试验

参见试验大纲。

5. 完工检验记录

_____

6. 根据所学知识，对船用空压机日常使用维护提出合理化建议

_____

● 自我检验与提高

一、理论习题

（一）选择题

1. 空压机中最重要而需优先保证的是(　　)冷却。

　A. 级间　　　　B. 润滑油　　　　C. 气缸　　　　D. 末级排气

2. 气缸冷却不宜过强的原因是为避免(　　)。

　A. 排气压力降低　　　　　　　　B. 润滑油过黏

　C. 缸壁结露　　　　　　　　　　D. 耗功增加

3. 国际规定空压机后冷却器出口所设的空气高温报警装置在温度超过(　　)℃时应发出警报。

　A. 100　　　　B. 121　　　　C. 160　　　　D. 200

4. 船用空压机自动控制一般不包括(　　)。

　A. 排气高温和润滑油低压自动停车　　B. 自动卸载和泄放

　C. 润滑油温度自动控制　　　　　　　D. 自动启、停

（二）简答题

1. 影响空压机温度异常的因素有哪些？如何解决？

2. 船用空压机排气高温的维修方法有哪些？

二、技能检验与提高

请对下面故障案例进行分析，确定故障原因，并制定出维修方案。

某轮船上 NO.1 空压机在自动位置，NO.2 空压机在手动位置。在一次自动启动过程中，一号空压机出现故障通用报警。轮机员立刻进行了现场检查，发现空压机的二级压力

表显示压力和主空气瓶一致。判断为空压机二级出口单向阀损坏，导致空压机背压太高，无法正常启动，故需对其进行检修。

● 任务考核表

评价模块	评价内容	评价等级	综合评价
自我评价(20%)	通过本次故障维修方案制定，我学到的知识点和技能点：_____		
	不理解的：_____		
	我认为在以下方面还需要深化学习，并提升岗位能力：_____		
组内互评（30%）	按时上课，工装齐备，书、笔齐全		
	安全操作，责任心强，7S管理规范		
	学习积极主动，合理使用教学资源，主动帮助他人		
	接受工作分配，有效沟通，高效完成工作任务		
教师评价（50%）	评语：		

学习笔记：

任务三 维修船用制冷压缩机

任务规则

工作任务	维修船用制冷压缩机	教学模式	任务驱动
学时	6 学时	教学场地	船舶辅机实训室
任务描述	某船舶修理厂负责对一艘散货船进行维修,在检查船用制冷压缩机期间发现气阀出现了故障,严重影响设备运行稳定性。随后维修技术人员对该制冷压缩机进行拆卸,进一步确定气阀故障原因,并根据维修手册和相关技术资料进行故障分析和排除			
学习目标	1. 了解往复式压缩机气阀组件维修要求。 2. 了解往复式压缩机气阀失效形式。 3. 掌握往复式压缩机气阀组件维修方法。 4. 掌握往复式压缩机安装后的检查内容。 5. 能正确对往复式压缩机气阀组件故障进行维修。 6. 能正确对往复式压缩机进行安装。 7. 树立安全意识和团队合作意识			
学习任务	1. 任务规划 (1)人员分组:每小组 8~10 人; (2)小组按工作任务作业表进行分析和资料学习; (3)小组经过讨论制定维修方案,每小组选派一人进行方案讲解,经过全体同学讨论,确定最佳实施方案; (4)任务实施:往复式压缩机的拆卸、往复式压缩机的故障勘验、往复式压缩机的维修、往复式压缩机的装配、往复式压缩机的维修完工检查; (5)自我检验与提高; (6)任务评分。 2. 相关资源 可拆装船用制冷压缩机、拆装及测量工具、企业维修案例等			

学习活动

一、勘验制冷压缩机故障

班级_____   姓名_____   学号_____   日期_____

(一)学习与工作目标

(1)往复式压缩机气阀组件故障分析。

(2)建立初步故障维修思路。

(二)学习与工作过程

(1)按照操作规范要求拆卸船用制冷压缩机,确定故障原因。

①放出系统中的全部冷却水和曲轴箱内的全部润滑油。

②卸下皮带轮罩,拧松张紧三角皮带的调节螺栓,取下三角皮带。

③卸下排气接管,调压系统管路和冷却水管路。

④卸下吸风头、视油器和曲轴箱左右侧门。

⑤卸下阀室盖,取出吸气、排气压筒和垫后,取出吸、排气阀。

⑥卸下气缸盖,注意放在垫木上,放实。

⑦取下连杆螺母上的开口销、连杆螺母、连杆上盖,转动曲轴,将活塞推至上止点,自气缸上部取出活塞及连杆,并将连杆上盖,仍与连杆体装在一起防止错乱。取下活塞销两端的弹簧挡圈,轻轻打出活塞销,即可自活塞上取下连杆,并注意螺栓、螺母按原来配好对。

⑧卸下气缸。

⑨卸下曲轴端的圆螺母,取下大皮带轮。

⑩卸下曲轴箱两端的轴承盖,作为标记。

(2)填写往复式压缩机故障勘验报告(表3-9)。

表3-9 往复式压缩机故障勘验报告

设备基本信息	
故障现象	
故障原因分析	
故障排除措施	
预计所需备件器材	
故障勘验的注意事项	

(3)故障确认。根据往复式压缩机勘验报告,对其故障进行说明。

二、制定往复式压缩机气阀组件维修方案

班级_____ 姓名_____ 学号_____ 日期_____

(一)学习与工作目标

(1)能根据压缩机气阀组件故障勘验结果制定维修方案。
(2)能够展示学习成果并相互评价。

(二)学习与工作过程

根据任务要求,确定所需要的知识、设备、工具,并对小组成员进行合理分工,制定船用制冷压缩机气阀组件维修任务的详细方案。

1. 气阀组件维修要求与气阀失效形式分析

(1)阀座失效的维修要求与失效形式分析。往复式压缩机内气阀的重要组件就是阀座。其中阀座能够与升程限制器一起构成气阀的空间。气体需要通过升程限制器与阀座两者一起构成气体通道,使得气阀处于开启运转状态。阀座与阀片通过接触的表层一起构成气体的密封结构。在这样的密封结构内,当密封面出现锈迹或者腐蚀等情况时,阀座就会有失效的可能,尤其是当压缩机介质为天然气时,天然气的组分非常繁杂,在这样的混合气体中会富含硫化物与水蒸气,而恰恰是这两种因素最易导致腐蚀现象发生,致使阀座表面腐蚀损伤,从而破坏阀座-阀片的密封结构,间接使气阀失效。

(2)弹簧的失效。

①疲劳磨损,弹簧的作用是通过压缩气体荷载从预压缩力逐步变成最强压缩力,此类交变应力荷载容易使弹簧疲劳磨损。

②摩擦损坏,弹簧在工作期间不断往复变形,这样就会和气阀的弹簧导向孔内壁发生严重的摩擦现象,进而使弹簧摩擦损坏。

③介质腐蚀:在压缩机的介质内包含一些腐蚀性较强的气体,极易造成弹簧表层锈蚀,加快弹簧的损坏速度。

④生产瑕疵。生产弹簧所用的材料不达标或者是在生产过程中工艺不达标。

(3)阀片的失效。当阀片出现了形变或断裂等情况时,阀片失效。通过气阀的结构组成不难得出,弹簧和阀片动作具有联动性,当弹簧出现状况时,会导致阀片各处开合力不平衡,在高压、高速介质气体冲刷下,阀片会出现变形,严重时阀片会断裂。因此,选取品质较高的弹簧来当作气阀的元件十分重要。另外,阀片本身的厚薄度和品质均会影响阀片的运行效果。例如,阀片太厚,会使得阀片运行速度变慢;反之阀片太薄,就会使得阀片容易断裂;如果品质较差,则会缩短气阀整体运行寿命。

2. 气阀组件维修方法

方案一:

(1)及时校核阀片。解决往复式压缩机气阀故障问题,首先要把握好阀片的控制,能够促使阀片运动较为合理,符合整体运行需求,针对振颤现象进行重点关注,降低该现象可能对于阀片产生的不良影响和威胁。基于此,需要针对阀片的具体状态进行及时校核处理，有效控制弹簧的预压缩量，促使其可以满足气阀运用要求，此外，针对弹簧的刚度系数以及阀片升程也需要予以及时调整。为了更好地提升阀片的应用性能，还可以在初始生产中调整其厚度，为后续正常运行提供有效支持，并通过设置缓冲片的方式优化阀片的应用。

（2）优化气阀结构。对于往复式压缩机中气阀的有效应用，为了更好地提升其运行效果，往往还需要把握好气阀结构的有效调整，促使气阀结构自身具备更强的稳定性效果。比如针对气阀的阀片就需要合理设置，尽量促使其开启高度比较小，如此也就能够有效降低撞击速度，使其具备更为理想的耐久性。但是因为该设置方式的应用可能导致气流阻力明显增大，因此需要增设阀座通道，通过该渠道弥补气流不足问题，保障气阀能够正常发挥作用。此外，针对弹簧力进行有效调整也是比较有效的方式。

方案二：

（1）加强弹簧运行与弹簧结构优化。

①弹簧力的选取是否适当。气阀弹簧力的选取决定着气阀阀片的启动与关闭的时间。如果弹簧力太小，就会使得压缩程序开启一段时间之后阀片才会整体关闭，即出现滞后关闭的情况，会直接导致一些已被吸进缸内的气体顺着吸气阀重新回流到吸气管线。如果弹簧力太大，那么阀片两头的压力差距就没办法使得阀片维持一定时长的全部开启状态，致使阀片在阀盖和阀座两者间往复运行，出现阀片颤动震荡的情况。正确的阀片运行必须是维持一定时长的全部开启状态，在吸气冲程完成后阀片正好处在完全关闭的状态。

②转变弹簧的构造。把传统圆柱形式的弹簧变成圆锥形式的弹簧，这样的弹簧能够增强阀片在开启期间的缓冲力量，尤其是针对转动速度非常高的压缩机设备，运用这样的弹簧能够降低其工作应力，减小弹簧与弹簧导向孔内壁的接触从而减小磨损，进而增加其使用寿命。另外，这样的弹簧也能够减缓阀片对阀座的冲撞速度和力度，因此同样可以有效地增加气阀的综合使用寿命。

（2）重新校核阀片的运动状态。

校核阀片的升程是否合适：如果升程太大，则会使得阀片的冲击速度过快、冲击力过大，这种情况非常容易导致气阀各部件出现疲劳磨损；如果升程太小，气体通过气阀的能量损失比较严重，那么气阀的运行效率就会降低。总之，有关工作人员必须充分检测往复式压缩机，认真解析阀片失去功效的因素，进而方便寻找排除问题的方案。

3. 根据勘验报告，制定气阀组件故障维修方案

（1）往复式压缩机气阀组件故障维修方案：_____

_____

（2）所需要的知识、设备、工具：_____

_____

（3）小组人员分工（表3-10）。

表 3-10 工作岗位人员分工表

工作岗位	人员姓名
主修人员	
辅修人员	
工具管理	
零件摆放	
安全监督	
质量检验	
7S 监督	

三、实施往复式压缩机气阀组件故障维修方案

班级_____ 姓名_____ 学号_____ 日期_____

(一)学习与工作目标

(1)能够根据已制定的维修方案排除故障。
(2)能够总结排除故障思路并相互评价。

(二)学习与工作过程

(1)按照制定的故障维修方案维修往复式压缩机气阀组件。
(2)总结故障的排除思路。
故障的排除思路:_____。
(3)其他组的思路给我们的启示。
启示:_____。
(4)往复式制冷压缩机的回装。装配顺序与拆卸顺序正好相反,装配时应注意以下几点:
①曲轴箱内部及各部件应彻底清洗干净。
②各吸、排气阀应正确安装在缸盖,这点应特别注意,不得装错,阀芯下部不得凸出缸盖下平面。
③安装活塞和连杆时,应按主要配合条件装配,检查间隙规格的装配间隙值,并在摩擦面上涂以清洁润滑油。
④安装曲轴时,应利用两端轴承盖处的纸垫调整轴向窜动量,窜动量应为 0.25～0.35 mm。
⑤活塞在上止点时,其顶面与缸盖的间隙应为 1.2～1.7 mm。
(5)附件的安装。按照拆前的记号进行所有附件的安装,附件安装过程中动曲轴时需要对各运动部件加注润滑油。

四、往复式压缩机气阀组件故障维修完工检验

班级_____ 姓名_____ 学号_____ 日期_____

(一)学习与工作目标

(1)能够按照企业标准对往复式压缩机气阀组件维修结果进行检验。
(2)能够确认排除故障。

(二)完工检验及记录

1. 安装后的检查

主要检查压缩机机组润滑油管线、拆卸联轴器护罩,并检查联轴器对中情况,拆卸联轴器螺栓并做好标记,检查联轴器螺栓有无咬扣、变形、断裂等损伤,检查联轴器膜片有无变形、断裂、毛刺等损伤。

(1)检查测量各级活塞止点间隙。
(2)检查、测量活塞与缸体之间的间隙。
(3)检查进排气阀的间隙是否在范围内。
(4)配合仪表专业拆除压缩机的仪表部分。
(5)检查拆卸气阀压盖螺母。

2. 完工检验记录

_____

3. 根据所学知识,对往复式压缩机气阀组件故障维修提出合理化建议

_____

● 自我检验与提高

一、理论习题

(一)判断题

1. 往复式制冷压缩机排气温度高可能是由排气阀故障引起的。（　）
2. 往复式制冷压缩机的气阀是上进下出。（　）
3. 往复式制冷压缩机压缩比过大,会造成排气温度偏高。（　）

(二)简答题

1. 往复式制冷压缩机气阀的失效形式有哪些?
2. 简述往复式制冷压缩机气阀组件维修方法。

二、技能检验与提高

请对下面故障案例进行分析,确定故障原因,并制定出维修方案。
某轮船在国内卸货后,开航的第二天发现肉库库温为-5 ℃,鱼库和菜库温度正常为

—18 ℃和5 ℃。压缩机启动也有些频繁。检查压缩机进出口压力分别为 4 bar 和 19 bar，关闭储液器出口阀回收制冷剂，液位到储液器观察镜三分之二处正常。基本判断问题出在肉库本身而不是整个制冷系统。进入肉库检查，怀疑是否因为在国内上了大量鲜肉，含水量大造成肉库蒸发器结冰，而导致换热效果差，冷剂过热度不够，不能回流。拆开蒸发器外壳发现蒸发器下部只有少量结冰，不是导致库温不够的主要原因，同时发现肉库膨胀阀处有大量的冰，初步判断膨胀阀处出现了冰塞。关闭制冷压缩机，用导水管冲洗肉库膨胀阀和蒸发器，将冰全部融掉，恢复系统工作，肉库膨胀阀后有霜花出现，随后库温也慢慢恢复了正常。

● 任务考核表

评价模块	评价内容	评价等级	综合评价
自我评价(20%)	通过本次故障维修方案制定，我学到的知识点和技能点：＿＿＿＿＿		
	不理解的：＿＿＿＿＿＿＿＿＿		
	我认为在以下方面还需要深化学习，并提升岗位能力：＿＿＿＿＿		
组内互评（30%）	按时上课，工装齐备，书、笔齐全		
	安全操作，责任心强，7S管理规范		
	学习积极主动，合理使用教学资源，主动帮助他人		
	接受工作分配，有效沟通，高效完成工作任务		
教师评价（50%）	评语：		

学习笔记：

任务四　维修船用起货机

📖 任务规则

工作任务	维修船用起货机	教学模式	任务驱动
学时	4学时	教学场地	船舶辅机实训室
任务描述	某船舶修理厂负责对一艘散货船进行维修，该船液压起货机不能正常吊货，空钩起升时，吊钩尚可上升，但停止时，吊钩不能停止，缓慢下滑。经试车发现：吊重起升时，吊钩不动，系统油压很低。分析是内部泄漏问题，经过故障勘验发现起货机的液压电动机泄漏，根据故障勘验结果对故障问题进行分析和修理		
学习目标	1. 掌握船用起货机液压电动机维修方法。 2. 掌握船用起货机启动前的检查内容。 3. 能正确对船用起货机液压电动机进行安装。 4. 能正确对船用起货机液压电动机进行故障检查和维修。 5. 树立安全意识和团队合作意识		
学习任务	1. 任务规划 (1)人员分组：每小组8～10人； (2)小组按工作任务作业表进行分析和资料学习； (3)小组经过讨论制定维修方案，每小组选派一人进行方案讲解，经过全体同学讨论，确定最佳实施方案； (4)任务实施：船用起货机故障勘验、船用起货机维修、液压电动机装配、液压电动机维修完工检查； (5)自我检验与提高； (6)维修液压电动机任务评分。 2. 相关资源 船用起货机说明书、拆装及测量工具、企业维修案例等		

📖 学习活动

一、勘验船用起货机故障

班级_____　姓名_____　学号_____　日期_____

(一)学习与工作目标

(1)能确认船用起货机实际的故障现象。
(2)建立初步故障维修思路。

(二)学习与工作过程

(1)按照操作规范拆卸起货机液压系统元件。

(2)勘验船用起货机,确定故障原因。

①检查换向阀是否漏泄;

②检查阀组(包含平衡阀、两个安全阀、迫降阀)是否漏泄;

③检查油电动机是否泄漏。

(3)填写船用起货机故障勘验报告(表 3-11)。

表 3-11　船用起货机故障勘验报告

设备基本信息	
故障现象	
故障原因分析	
故障排除措施	
预计所需备件器材	
故障勘验的注意事项	

(4)故障确认。根据船用起货机故障勘验报告,对其故障进行说明。

_____

二、制定船用起货机故障维修方案

班级_____　　姓名_____　　学号_____　　日期_____

(一)学习与工作目标

(1)能根据船用起货机故障勘验结果制定维修方案。

(2)能够展示学习成果并相互评价。

(二)学习与工作过程

根据任务要求,确定所需要的知识、设备、工具,并对小组成员进行合理分工,制定完成船用起货机维修任务的详细方案。

1. 船用起货机故障的原因分析

根据该起货机的故障现象和其液压系统原理分析,这是一个典型的内部泄漏问题,可能发生泄漏的液压元件有 3 个,即换向阀、阀组(包括平衡阀、两个安全阀、迫降阀)和油电动机。

(1)检查换向阀和阀组比检查油电动机容易,故先检查换向阀和阀组。

(2)换向阀和阀组的检查:制作两块盲板,将油电动机进、出口的管路堵死,启动起货机，操作换向阀，无论是起升还是下降，系统油压均能达到要求，这就证实了换向阀和阀组无内漏，同时证实了油泵机组无问题。故障是由油电动机内漏引起的。

（3）油电动机的检查及修理：该油电动机为活塞连杆式油电动机，解体油电动机，打开配油壳体，取出配油轴，发现配油轴的活塞环裂纹一个，且配有壳体内孔磨损严重，被断裂的活塞环划伤，故须修复配油壳体。

2. 船用起货机液压电动机维修方法

（1）按照配油壳体的内孔尺寸，制作一个研磨轴。用研磨砂将配油壳体内孔的磨损痕迹和划痕研磨掉。

（2）因配油壳体的内孔研磨后尺寸增大，使得其与配油的间隙增大，故须补偿该隙。

3. 根据勘验报告，制定船用起货机故障维修方案

（1）船用起货机故障维修方案：＿＿＿＿＿＿＿＿＿＿＿＿＿＿＿＿＿＿＿＿＿＿＿＿＿＿

（2）所需要的知识、设备、工具：＿＿＿＿＿＿＿＿＿＿＿＿＿＿＿＿＿＿＿＿＿＿＿＿

（3）小组人员分工（表 3-12）。

表 3-12　工作岗位人员分工表

工作岗位	人员姓名
主修人员	
辅修人员	
工具管理	
零件摆放	
安全监督	
质量检验	
7S 监督	

三、实施船用起货机故障维修方案

　　　　班级＿＿＿＿＿＿　姓名＿＿＿＿＿＿　学号＿＿＿＿＿＿　日期＿＿＿＿＿＿

（一）学习与工作目标

（1）能够根据已制定的维修方案排除故障。

（2）能够总结排除故障思路并相互评价。

（二）学习与工作过程

（1）按照制定的故障维修方案维修船用起货机。

(2)总结故障的排除思路。

故障的排除思路：_____。

(3)其他组的思路给我们的启示。

启示：_____。

(4)液压电动机的回装。

①倒置活塞，将连杆球头放入球窝，放入对开式球轴承，再用孔用挡圈在外锁牢。

②将活塞环依次装入活塞的环槽。

③连接电动机壳体与配流阀体后，将壳体的输出轴端朝上安置，下端用环形或块状物垫置稳定。

④将偏心轴两端的圆锥滚子轴承的内钢圈装于偏心轴颈上，将内端轴承推上偏心轴。

⑤取出偏心轴。

⑥将各缸活塞连杆组件，对号装入缸孔。

⑦放入内部的抱环，放入偏心轴，依次将各缸连杆底部轴瓦抱牢，装入外部抱环。

⑧将电动机翻身安装，使配流端向上，下部垫置稳当。

⑨将配流轴上的密封环装入环槽，注意电动机正转、反转及配流轴与偏心轴端十字滑块一字槽的相对位置，使其正确后放入十字滑块和配流轴。

⑩安装配流端盖和缸孔端盖。

四、船用起货机故障维修完工检验

班级_____ 姓名_____ 学号_____ 日期_____

(一)学习与工作目标

(1)能够按照企业标准对船用起货机维修结果进行检验。

(2)能够确认排除故障。

(二)完工检验及记录

1. 安装后的检查

(1)主要检查附件与拆前的记号是否一致、各管路连接是否正常、电缆连接是否安装牢靠。

(2)检查各液压元件、铜管、软管接头、法兰及螺栓安装的可靠性和气密性。

2. 起货机的液压油要求

(1)黏度适宜，黏度指数较高。

(2)质地纯净，水分和机械杂质含量轻微。

(3)安定性好。

(4)良好的润滑性和较高的油膜强度。

(5)防锈性好，不锈蚀金属。

(6)抗乳化性和抗泡沫性好。

(7)与橡胶材料的相溶性好。

(8)开口闪点至少要高于 135 ℃，要满足防火要求。倾点至少要比最低油温低 7 ℃～8 ℃。

3. 起货机的启动

(1)启动前的检查。

①系统各压力阀的压力弹簧参考原有工作位置初调，并在负荷试验中调定。溢流阀、电控卸荷溢流阀自全松位置开始试调。

②确认液压油的油质、油位、油温、黏度等符合运行要求。

③系统在充油中进行放气，确认各液压元件、辅件均无有害存气。

④检查液压泵充油情况，液压泵在启动前必须充满或灌满油质。

(2)起货机的启动。

各系统检查正常后设备供电，确认正常后控制手柄，操作起货机检查各系统是否正常。

4. 起货机的空载试验、静负荷试验和动负荷试验

5. 完工检验记录

___

6. 根据所学知识，对船舶柴油机日常使用维护提出合理化建议

___

• 自我检验与提高

一、理论习题

(一)选择题

1. 连杆式液压电动机要求有适当的回油背压主要是为了防止(　　)。
   A. 空气进入系统　　　　　　　　　B. 出现爬行现象
   C. 连杆两端的卡环、回程环受力过大　D. 产生液压冲击

2. 液压电动机在液压系统中的功用是将(　　)能变成(　　)能。
   A. 电　液压　　B. 液压　机械　　C. 机械　液压　　D. 电　机械

3. 对起货机的基本要求是(　　)。
   A. 足够的功率　　　　　　　　　　B. 可灵活换向
   C. 调速、限速并可靠制动　　　　　D. A+B+C

4. 液压起货机的手动和液压操纵机构是采用(　　)系统。
   A. 开式　　　　B. 闭式　　　　C. 半闭式　　　　D. A 或 B 或 C

(二)简答题

1. 简述船用起货机液压电动机的维修方法。

2. 简述船用起货机启动前的检查内容。

二、技能检验与提高

请对下面故障案例进行分析,确定故障原因,并制定出维修方案(图3-10)。

某航次快卸完货时,一号船用起货机工作不正常,吊臂起升很慢。卸完货后,立即对其进行检修。按照以往的经验,将吊臂油泵解体,研磨两片有磨损的"轴向板",改善其与偶件的配合面,装复就可以了。但是这次,连续换了两台备用泵后,吊臂都不能移动。由于到装货港只有两三天的航程,为了保证船用起货机的正常使用,进一步检查油泵,当时检查的重点为"轴向板",用千分尺测量几个点,发现其薄厚不均,已经形成楔形,油液有可能通过其偶件的配合面泄露。用通用车床的刨床将形成楔形的"轴向板"刨平,但装复后,吊臂还是不动。难道说是"轴向板"的有效尺寸已经失效?只好紧急向公司申请备件。在油泵没有装复的情况下,一号起货机和二号起货机共用一台吊臂油泵,将吊臂起升好备仓装货。幸好接下来的航次不需要船吊。备件不知道何时到船,起货机不能正常使用,光是到港、离港折腾倒泵就费了不少劳动力。为了使起货机尽可能地早日恢复正常工作,再拆检油泵,在没有油泵零件尺寸图的情况下拆下一台能正常工作的油泵,仔细测量各个零件尺寸,通过比较发现了一个问题,故障泵在齿轮与齿环之间的弧形三角"填充块"变小了,这是否是故障的真正原因呢?故障泵在其他零件都没有更换而只更换了正常泵的"填充块"后,装机试验,吊臂能正常工作了。正是由于"填充块"的磨损导致内啮合齿轮齿环之间产生了间隙,造成了泄漏,使泵的容积效率降低,导致泵的性能逐渐变坏,排出油压降低,甚至完全失效。故障找到后,如何修复磨损的"填充块"?由于零件是铜制的,在其底部平面铜焊几个厚堆点,手工用锉刀修平整,使其底部紧靠"止动杆"并前移消除与齿环的间隙。困扰多时的油泵故障被排除了。

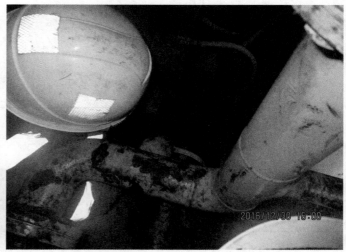

图3-10 起货机故障维修

任务考核表

评价模块	评价内容	评价等级	综合评价
自我评价(20%)	通过本次故障维修方案制定，我学到的知识点和技能点：_____		
	不理解的：_____		
	我认为在以下方面还需要深化学习，并提升岗位能力：_____		
组内互评（30%）	按时上课，工装齐备，书、笔齐全		
	安全操作，责任心强，7S管理规范		
	学习积极主动，合理使用教学资源，主动帮助他人		
	接受工作分配，有效沟通，高效完成工作任务		
教师评价（50%）	评语：		

学习笔记：

_____

_____

_____

_____

_____

任务五　维修船用分油机

任务规则

工作任务	维修船用分油机	教学模式	任务驱动
学时	4学时	教学场地	船舶辅机实训室
任务描述	某船舶修理厂负责对一艘散货船进行维修，1号燃油分油机运转过程中出现报警停机，无法分油，工作人员到机旁查看报警，显示出水口监测到燃油，进行手动操作，仍会出现相同报警，根据报警对分油机进行检查，确定故障原因，并进行维修		
学习目标	1. 了解船用分油机故障勘验内容。 2. 掌握船用分油机出水口跑油故障原因。 3. 掌握船用分油机故障维修完工检验项目及内容。 4. 能正确对船用分油机故障进行维修。 5. 能正确对船用分油机进行拆装。 6. 树立安全意识和团队合作意识		
学习任务	1. 任务规划 (1)人员分组：每小组8～10人； (2)小组按工作任务作业表进行分析和资料学习； (3)小组经过讨论制定维修方案，每小组选派一人进行方案讲解，经过全体同学讨论，确定最佳实施方案； (4)任务实施：船用分油机拆卸、船用分油机故障勘验、船用分油机维修、船用分油机装配、船用分油机维修完工检查； (5)自我检验与提高； (6)维修船用分油机任务评分。 2. 相关资源 可拆装船用分油机、拆装及测量工具、企业维修案例等		

学习活动

一、勘验船用分油机故障

班级_____　姓名_____　学号_____　日期_____

(一)学习与工作目标

(1)能确认船用分油机实际的故障现象。
(2)建立初步故障维修思路。

(二)学习与工作过程

1. 按照操作规范要求拆卸分油机

(1)拆卸前的准备。
①确认分油机处在"STOP"状态,挂上警示牌。
②把制动装置扳到制动位置。
③分油机拆卸专用工具较多,应事先准备好,熟悉其名称和功能。
④分别拆除污油进油管、净油出油管、水封水进水管。为了防止污物进入管路,用干净的棉布包裹好管口。

(2)分油机的拆卸。拆除连接各油管和水管的接口,如图3-11所示。

卸掉分油机盖四个紧固螺栓,取下分油机盖,这就是分油机的核心部件——分离筒。水封水进口、原油出口、分离水出口以及排渣口的位置如图3-12所示。

图3-11 分油机各接口

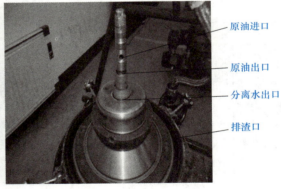

图3-12 各进出口

用比重环专用拆卸工具拆除比重环锁紧环。为了防止转动惯性力使锁紧环松脱,一般分油机的比重环锁紧环为反螺纹,拆卸时注意不要拆反。卸掉向心水泵及水泵盖,如图3-13所示,取下比重环。

向心泵腔盖上部和比重环组成分离水通道,下部配合向心泵形成净油通道。取下向心泵腔盖,取出带向心泵的入口管,注意观察向心泵结构。把分离盘组拆卸压紧专用工具主螺杆旋入分离盘盖中心孔中,上紧分离盘组压紧螺母,压住分离盘组。装

图3-13 比重环

上分离筒压盖拆卸专用工具为了防止工具打滑，应上紧压紧螺栓。

该型分油机制动装置位于电动机侧，电动机停转时制动对分离筒不起作用，拆卸分离筒盖时用榔头敲击拆卸工具，可一人稳住分离筒，另一人用榔头敲击拆卸工具手柄，利用惯性和冲力旋松分离筒盖。

重新装上分离盘组压紧专用工具，如图3-14所示，整体提出分离盘组。

图3-14 分离盘组

把活动底盘拆卸专用工具旋到活动底盘底部凸台的螺纹上，利用螺栓拔出活动底盘，如图3-15所示。

图3-15 活动底盘

拆除分离筒和泵轴连接的盖型螺母，和分离筒盖一样，该螺母也为反向螺纹（图3-16）。

图3-16 卸掉锁紧螺母

装上分离筒本体专用起吊工具，拆下分离筒本体。

2. 勘验船用分油机，确定故障原因

分油机拆卸完毕后要对分油机各部件进行检查，确定故障原因。

（1）解组分离盘片，并放在柴油中浸泡后清洁，如果集聚的油泥比较重，则可以用刮刀或毛刷去除盘面上的污垢，并在组装前用压缩空气或干净的布清洗干净。清洗干净后把各分离盘重新组合。

（2）仔细清洗分离筒中污垢，检查各处水道、油道及排渣口有无堵塞情况，特别是分离筒外侧下部的两个泄水孔，应仔细检查清洗，保持畅通。

（3）检查各水道是否脏堵。

（4）检查分离筒盖上的密封圈有无破损、老化现象，是否压痕很深，如果失效则应换新。

（5）检查其他各密封环有无损伤、老化等缺陷，如图 3-17 所示，并视其损伤程度决定更换与否。

图 3-17　密封环

（6）检查进油温度和进油压力（进油量）是否正常。

（7）检查比重环和燃油型号是否匹配。

3. 填写船用分油机故障勘验报告（表 3-13）

表 3-13　船用分油机故障勘验报告

设备基本信息	
故障现象	
故障原因分析	
故障排除措施	
预计所需备件器材	
故障勘验的注意事项	

4. 故障确认

根据船用分油机故障勘验报告，对其故障进行说明。

二、制定船用分油机故障维修方案

班级_____　　姓名_____　　学号_____　　日期_____

(一)学习与工作目标

(1)能根据船用分油机故障勘验结果制定维修方案。
(2)能够展示学习成果并相互评价。

(二)学习与工作过程

根据任务要求,确定所需要的知识、设备、工具,并对小组成员进行合理分工,制定完成船用分油机维修任务的详细方案。

1. 船用分油机出水口跑油故障分析

分油机在进油之前分离筒内充满水,当缓慢地打开进油阀时,待分离的油进入分油机并把分离筒内的水逐渐地排挤到分离盘的外沿。一般是以分离盘的分离孔为油水分界面。但往往由于各种原因会导致分界面的位置过于靠近内侧或偏外侧,这时就会产生各种故障,常见的就是出水口跑油。

(1)原因一:跟出油口跑水一样,如果比重环的内径选择不合理也会导致出水口跑油。一般是内径选择过大,这时需要停机选择合适内径的比重环重新装上,然后开机。比重环的选择有一定的要求:比重环的盘架上有出油口,出油口的位置正好与分离盘片上的口相对应。分油时在离心力的作用下油中稍大些的杂质被甩到分离盘片的外缘,剩下的油被挤在分离盘片靠近中心的部位,待聚集到一定量的时候从分离盘片的分配孔向上运动,最后从盘架口进入比重环内经油泵排出。理想的情况下油水分界面应该位于盘片的边缘,但实际工作中由种种外界因素会导致界面移动。

(2)原因二:进油温度与油号不匹配。一般是油号低可以适当减小加热温度,油号高进油温度就要适当增高[IF180 在 95 ℃～97 ℃,IF380 在 105 ℃左右(有压力,水还未汽化),MDO(国产 4 号油)在 88 ℃～90 ℃;380 cSt 的分油机,分油温度为 98 ℃,高温报警设置在 105 ℃或 110 ℃;120 号千秒油加热温度一般在 90 ℃左右],所以燃油净油机加热器高温报警设置在 95 ℃～97 ℃为宜,但分油机二次加热前油温至少要达到 50 ℃以上。无论油温过高还是过低都会导致跑油。过高的油温会使水封水汽化,过低的油温会使排渣的间隔周期缩短,两者都会破坏水封。

(3)原因三:水封水,即水封水太少或者水封水被破坏,而水封水被破坏的原因有很多,其中之一是进油温度太高导致水封水汽化(大量的水封水温度达到100 ℃以上时变成气体)。即使自动式分油机会周期性地补水,也存在一个问题,即补水的周期是事先预设定的,它不会随着水封水流失的快慢而自动调整,所以追其根本还需要从控制油温入手。对于非自动式补水的分油机,水封建立后就需要值班的时候经常检查,防止因水封水减少而影响分油效果。一旦水封水被破坏,无论是自动式还是非自动式都要进行排渣这一步骤,然后重新建立水封，当建立后再进油。水封水过多会使油水分界面内移，过多的水会从出油口跑出，这样也会影响分油效果。

(4)原因四：进油速率。有经验的船员在操作分油机时，对于进油阀的操作不会快开，而是慢慢开启。待分离的油是从分离盘的底部进入分离筒(分离盘片是中空草帽形状)，然后向上逐层运动并在离心力的作用下向分离盘四周运动排挤外缘的水封水的。如果进油速率过快，会导致水封水与油的混杂从而不能起到密封的作用。当出现这种情况时需要采取的步骤：关闭进油阀，操作分油机排渣，重新建立水封，最后缓慢打开进油阀进油。

2. 船用分油机出水口跑油的维修方法

(1)重新启动分油机，注入正常量的水封水。如供水异常，则检查供水设备。

(2)调小进油阀开度，另外，燃油进机前，通常要经过一个气动三通阀来控制进油量，检查此三通阀是否存在故障。

(3)工作面板上可以显示出油温，如油温高，则检查燃油进机前的加热系统，包括蒸汽压力、自动调温装置等是否正常。

(4)拆解分油机，对分离盘片进行清洗。

(5)查看说明书，检查燃油型号与比重环内径大小是否匹配。

(6)检查配水盘，一般是橡皮圈老化、弹性不足、密封性降低会导致故障，应该按照橡皮圈的寿命定期更换；另一种可能是工作水不干净、配水盘脏堵，应该清洗配水盘，更换橡皮圈。

3. 根据勘验报告，制定船用分油机故障维修方案

(1)船用分油机故障维修方案：_____

(2)所需要的知识、设备、工具：_____

(3)小组人员分工(表3-14)。

表3-14 工作岗位人员分工

工作岗位	人员姓名
主修人员	
辅修人员	
工具管理	
零件摆放	
安全监督	
质量检验	
7S监督	

三、实施船用分油机故障维修方案

班级_____ 姓名_____ 学号_____ 日期_____

(一)学习与工作目标

(1)能够根据已制定的维修方案排除故障。
(2)能够总结排除故障思路并相互评价。

(二)学习与工作过程

(1)按照制定的故障维修方案维修船用分油机。
(2)总结故障的排除思路。
故障的排除思路：_____。
(3)其他组的思路给我们的启示。
启示：_____。
(4)船用分油机的装复。分油机经拆卸、清洗、检查、维修后，确认所有零部件完好即可进行装配工作。装复操作的程序可按拆卸的反顺序进行。装配顺序如下：

①将分离筒本体装入分油机，拆下专用工具。
②上紧锁紧螺母，装入活动底盘，注意活动底盘上的销孔和上分配环上定位销之间的定位(图 3-18)。
③装入分离盘组。注意分离盘组底座底面的定位孔(图 3-18)。

图 3-18 分离盘组底座底面的定位孔

④装上分离筒压盖。装上分离筒压盖拆卸专用扳手，用铁锤敲击扳手手柄以拧紧分离筒体，如图 3-19 所示，一直到分离筒体和分离筒盖上的两个记号吻合为止。
⑤装上比重环密封圈。
⑥装上向心腔盖并适当向下压，使其密封圈进入环槽。
⑦装上适当比重环，套上比重环锁紧螺母并上紧。
⑧装复或换新分油机盖密封圈，为防止起吊时密封圈脱落，可将牛油抹在密封圈上以粘住密封圈。
⑨按原记号装复分油机盖(图 3-20)，交叉对称上紧固定螺栓。

图 3-19　记号吻合

⑩装好接口，分别装复原油进油管、净油出油管和水封水管。
⑪装上接口管固定螺母并拧紧，装复水封水管。
⑫分油机拆装检修完成。

图 3-20　分油机盖

四、船用分油机故障维修完工检验

班级_____　姓名_____　学号_____　日期_____

(一)学习与工作目标

(1)能够按照企业标准对船用分油机维修结果进行检验。
(2)能够确认排除故障。

(二)完工检验及记录

1. 安装后的检查

(1)主要检查附件与拆前的记号是否一致、各管路连接是否正常、电缆连接是否安装牢靠。
(2)检查油管水管是否接对。
(3)检查齿轮箱油质油位。

(4)整机的清洁，检查是否有异物。

2. 船用分油机的启动

(1)启动前的检查。

①制动固定杆脱开。

②电动机转轴不被卡紧。

③齿轮箱的油位、油质符合要求。

④油泵油环润滑油脂足够。

(2)船用分油机的启动。一切正常方可按下启动按钮。当启动电流达正常值时，按下列分油程序进行：

①分离筒通入工作水，分离筒上部引水建立水封，当出水口出水时关闭引水阀。

②先开分油机出油阀，缓开进油阀，直到达到需要的分油量时使进油阀开度固定。进行分渣时，进油阀应迅速开至要求分油量。

③排渣时先关进油阀、缓开引水阀，待油赶净，立即关引水阀把控制阀转至"1"位，稍停3～5 s，当听到冲击声，渣已排出，再引入热水冲洗5～15 s。杂质较多可重复上述过程。

3. 完工检验记录

_____

4. 根据所学知识，对船舶柴油机日常使用维护提出合理化建议

_____

● 自我检验与提高

一、理论习题

(一)选择题

1. 分油机分离燃油时的分油量一般选择额定分油量的(　　)。
   A. 1/2　　　B. 1/3　　　C. 80%　　　D. 100%
2. 分油机净化重质燃油，分水时加热温度限制为(　　)。
   A. 80 ℃～98 ℃　　B. 85 ℃～90 ℃　　C. 90 ℃～95 ℃　　D. 95 ℃～100 ℃
3. 下面哪些情况应考虑更换比重环？(　　)
   ①排渣口跑油；②换用不同品种的燃油；③分油机并联使用转为串联使用；④出水口跑油；⑤分离效果不佳；⑥所用燃油含水量大
   A. ①②④⑥　　B. ②④⑤⑥　　C. ①②③④⑤⑥　　D. ②④⑤
4. 下列哪些情况会出现出水口跑油？(　　)
   ①分离筒关闭不严；②分油温度过高；③分离片脏堵；④燃油杂质多；⑤分油机转速不足；⑥所用燃油含水量大
   A. ①③④⑤　　B. ①②③⑤　　C. ②③⑤　　D. ①②③④⑤⑥

（二）简答题

1. 船用分油机出水口跑油故障主要由哪些原因引起？
3. 船用分油机故障维修完工检验项目有哪些？

二、技能检验与提高

请对下面故障案例进行分析，确定故障原因，并制定出维修方案。

某轮船在航行过程中突然一号重油分油机报警，当班技工立刻到分油机间处理，显示器显示警报为出水口跑油，按照通常做法，当班人员复位了警报，手动排渣两次。再重新恢复分油机分油后，观察重油加热温度为 98 ℃，进口压力在正常范围内，而排出口压力低，打开出水口检查发现有大量的重油排出，随后分油机警报又响起。在报得值班轮机员同意后，将工作的一号分油机转换到二号分油机。在等待分油机彻底停车和冷却后，对一号分油机进行了解体。

由于本轮船上航次刚刚在香港地区加装的燃油，已经使用了一个星期左右，因此可以判断比重环不存在问题。解体后发现分离盘片也比较干净，不存在分离盘片间堵死的问题。但是为了保险起见还是对分离盘片进行了彻底清洁。同时检查了各个密封圈，一般的关键部位密封圈每次解体都会进行更换，而分油机上一次进行解体才运行 200 h（分油机常规保养一般在 4 000 h 左右，但不是绝对要根据油品质量调节），所以各个部件的密封圈无损而且弹性足够。此时分油机就剩下配水机构和立轴了，手动分别进行"密封水"和"开启水"试验，一切正常。那么最后就剩下立轴了，通过对其进行测量发现立轴已经出现了下沉。再对下面解体后，发现立轴的轴承已经损坏了。问题找到后对立轴轴承进行了更换。装复后试车，分油机恢复了正常（图 3-21 和图 3-22）。

图 3-21　分油机维修

图 3-22　分油机装复

任务考核表

评价模块	评价内容	评价等级	综合评价
自我评价(20%)	通过本次故障维修方案制定,我学到的知识点和技能点：_____		
	不理解的：_____		
	我认为在以下方面还需要深化学习,并提升岗位能力：_____		
组内互评（30%）	按时上课,工装齐备,书、笔齐全		
	安全操作,责任心强,7S管理规范		
	学习积极主动,合理使用教学资源,主动帮助他人		
	接受工作分配,有效沟通,高效完成工作任务		
教师评价（50%）	评语：		

学习笔记：

任务六　维修船用辅助锅炉

任务规则

工作任务	维修船用辅助锅炉	教学模式	任务驱动
学时	4 学时	教学场地	船舶辅机实训室
任务描述	某船舶修理厂负责对一艘散货船进行维修，辅助锅炉在运转过程中，工作人员发现锅炉压力比平时降得快，燃烧器启动比较频繁，工作人员检查机舱各加热部位均无泄漏，到外面看烟筒发现有间隔性的白烟冒出，根据现象发现锅炉安全阀出口管路比较热，故等锅炉凉炉对锅炉安全阀进行拆检、维修		
学习目标	1. 了解船用辅助锅炉故障勘验内容。 2. 了解船用辅助锅炉安全阀维修要求。 3. 掌握船用辅助锅炉安全阀故障修理方法。 4. 掌握船用辅助锅炉故障维修完工检验项目及内容。 5. 能正确对船用辅助锅炉安全阀不在规定压力开启故障进行维修。 6. 能正确对船用辅助锅炉安全阀进行拆装。 7. 能正确对船用辅助锅炉进行启动。 8. 树立安全意识和团队合作意识		
学习任务	1. 任务规划 (1)人员分组：每小组 8~10 人； (2)小组按工作任务作业表进行分析和资料学习； (3)小组经过讨论制定维修方案，每小组选派一人进行方案讲解，经过全体同学讨论，确定最佳实施方案； (4)任务实施：船用辅助锅炉安全阀故障勘验、船用辅助锅炉安全阀故障维修、船用辅助锅炉安全阀装配、船用辅助锅炉安全阀维修完工检查； (5)自我检验与提高； (6)维修船用辅助锅炉安全阀任务评分。 2. 相关资源 可拆装船用辅助锅炉、拆装及测量工具、企业维修案例等		

学习活动

一、勘验船用辅助锅炉安全阀故障

班级_____　姓名_____　学号_____　日期_____

(一)学习与工作目标

(1)能确认船用辅助锅炉的故障现象。

(2)建立初步故障维修思路。

(二)学习与工作过程

(1)按照操作规范要求拆除船用辅助锅炉安全阀连接管路。

(2)勘验船用辅助锅炉安全阀,确定故障原因。

①检查安全阀弹簧的位置有无变化;

②拆开安全阀,检查安全阀的密封面状况;

③检查阀杆和阀套之间的间隙;

④检查安全阀的弹簧状况。

(3)填写船用辅助锅炉故障勘验报告(表 3-15)。

表 3-15　船用辅助锅炉故障勘验报告

设备基本信息	
故障现象	
故障原因分析	
故障排除措施	
预计所需备件器材	
故障勘验的注意事项	

(4)故障确认。根据船用辅助锅炉故障勘验报告,对其故障进行说明。

二、制定船用辅助锅炉故障维修方案

班级_____　姓名_____　学号_____　日期_____

(一)学习与工作目标

(1)能根据船用辅助锅炉故障勘验结果制定维修方案。

(2)能够展示学习成果并相互评价。

(二)学习与工作过程

根据任务要求,确定所需要的知识、设备、工具,并对小组成员进行合理分工,制定完成船用辅助锅炉维修任务的详细方案。

1. 船用辅助锅炉安全阀维修要求

(1)检查安全阀的启闭压力。锅炉安全阀的开启压力须符合表 3-16 的规定。安全阀开启前阀瓣与阀座密封面间漏气时，其压力必须高于锅炉工作压力。

表 3-16　安全阀开启压力

锅炉类型	安全阀开启压力
烟管锅炉	$\leqslant P_g + 0.05$ MPa
水管锅炉 $P_g < 1.0$	$\leqslant P_g + 0.05$ MPa
水管锅炉 $P_g \geqslant 1.0$	$\leqslant 1.05 P_g$

安全阀开启后的关闭压力应低于工作压力，但不允许漏气。安全阀的关闭压力应不影响主机的正常使用，一般不低于 $0.9 P_g$。对航行于长江、内河急流航段的船舶，其主锅炉安全阀的压力降应不大于 0.098 MPa(1 kgf/cm^2)。

校验双联安全阀时允许两个阀分别先后校验，允许开启压力略有高低，当试验两个阀同时起跳时，允许有先后开启和关闭现象。

(2)对安全阀的手拉开启装置进行效用试验。

(3)安全阀至少每隔 4 年拆检一次，在间隔期内如需要拆检修理也应拆检，以检查阀的连接法兰、炉壳法兰、阀体及固定阀体的螺栓有无腐蚀、裂纹等现象。

(4)烟管锅炉和工作压力小于 1.0 MPa 的其他锅炉，其开启压力不大于工作压力加 0.05 MPa 之和。

(5)工作压力不小于 1.0 MPa 的水管锅炉，其开启压力应不大于工作压力的 1.05 倍。

(6)过热器安全阀开启压力应不大于工作压力的 1.02 倍。

(7)安全阀开启后的关闭压力低于工作压力，一般不低于工作压力的 90%，安全阀关闭应迅速，关闭后不应有漏气现象。

(8)安全阀更换，改变其排汽流通面积后，应进行安全阀的升压试验。试验时，锅炉给水只需补至安全水位，在停气阀等全部关闭和充分燃烧的情况下，水管锅炉在 7 min 内、烟管锅炉在 15 min 内，锅炉压力的升高值不应超过工作压力的 10%。

(9)安全阀检验合格后应由验船部门进行铅封。

2. 船用锅炉安全阀不在规定的压力开启维修方法

(1)检查安全阀调整位置，调整压力时忽略了实际工作介质特性和工作温度的影响，需重新调整。在热态状态下连续调整不能超过 3 次。否则，起座压力值误差较大，不能在正常的调试压力下动作。

(2)密封面因介质污染或结晶产生粘连及生锈；需吹洗安全阀，严重时需研磨阀芯、阀座。

(3)阀杆与衬套间的间隙过小，受热时膨胀卡住，需适当加大阀杆与衬套的间隙。

(4)弹簧式安全阀的弹簧收缩过紧或紧度不够，弹簧永久变形，更换弹簧。杠杆式安全阀的生锈盘过重或过轻，需重新调整安全阀。

（5）阀门通道被盲板等障碍物堵塞，应及时清除障碍物。

（6）维修完毕，试验启阀压力，需要船检人员进行检验（当船用锅炉安全阀出现故障时，多数换用备用安全阀，故障安全阀移交给专业部门进行维修检验）。

3. 根据勘验报告，制定船用辅助锅炉故障维修方案

（1）船用辅助锅炉故障维修方案：_____
_____

（2）所需要的知识、设备、工具：_____
_____

（3）小组人员分工（表 3-17）。

表 3-17　工作岗位人员分工表

工作岗位	人员姓名
主修人员	
辅修人员	
工具管理	
零件摆放	
安全监督	
质量检验	
7S 监督	

三、实施船用辅助锅炉故障维修方案

班级_____　姓名_____　学号_____　日期_____

（一）学习与工作目标

（1）能够根据已制定的维修方案排除故障。

（2）能够总结排除故障思路并相互评价。

（二）学习与工作过程

（1）按照制定的故障维修方案维修船用辅助锅炉。

（2）总结故障的排除思路。

故障的排除思路：_____。

（3）其他组的思路给我们的启示。

启示：_____。

(4)船用辅助锅炉安全阀的回装。

①将阀体安装在阀座上,对密封面的密封性进行检查;

②安装弹簧,安装上校调整环;

③安装衬套,安装压盖螺母;

④附件的安装。按照拆前的记号进行所有附件管路的安装。

四、船用辅助锅炉故障维修完工检验

班级_____ 姓名_____ 学号_____ 日期_____

(一)学习与工作目标

(1)能够按照企业标准对船用辅助锅炉维修结果进行检验。

(2)能够确认排除故障。

(二)完工检验及记录

1. 安装后的检查

(1)主要检查附件与拆前的记号是否一致,各管路连接是否正常。

(2)检查安全阀弹簧位置。

(3)整机的清洁,检查是否有异物在辅助锅炉上。

2. 船用辅助锅炉启动前检查和启动

(1)启动前的检查。

①检查给水系统、蒸汽系统、排污系统,应处于工作状态,给水泵试运转正常。

②检查燃油系统及燃油设备,应处于工作状态,油泵试运转正常。

③检查供风系统,开启风机,试运转正常。

④检查自动调节报警系统,应无缺陷。

⑤检查水位计并关闭冲洗阀,开启通气阀和通水阀。

⑥开启压力表旋塞、压力表泄放阀、空气阀,待产生蒸汽后关闭泄放阀和空气阀。

⑦启动给水泵上水,对于水管式辅助锅炉,应上水到水位计最低水位稍高一点处。

⑧关闭供汽阀,关紧后在反方向转 $1/4 \sim 1/2$ 圈。

(2)船用辅助锅炉的启动。

①完成启动前准备后,按下启动按钮启动锅炉进行预扫风,将炉膛内积存的可燃油气吹尽。当预扫风接近结束时,适当地关小风门,当点火后再开大风门。

②冷炉点火升气时,锅炉各部分的温度变化很大,为了避免各部分冷热不均产生过大的热应力,一般均以人工手动为宜。开始燃烧不要太猛,也不要连续燃烧,一般烧 $0.5 \sim 1$ min,停 $10 \sim 15$ min。

③空气阀有蒸汽出来后应关闭,并关闭压力表泄放阀。当蒸汽压达到 $0.3 \sim 0.4$ MPa 时,对停炉检查时曾拆卸过的螺栓、人孔和手孔再拧紧一次,在升气过程中应多次(2~

3次)冲洗水位计,当气压达到额定压力后应进行上排污一次,并冲洗水位计。缓慢开启供气阀并暖管。开蒸汽系统泄水阀,当有大量蒸汽冲出时关闭之,此时即可对外供气。

3. 船用辅助锅炉的检验

参见系泊和航行试验大纲。

4. 完工检验记录

5. 根据所学知识,对船舶柴油机日常使用维护提出合理化建议

自我检验与提高

一、理论习题

(一)选择题

1. 我国现有海船规范规定锅炉安全阀开启压力( )。
  A. 等于允许的最大工作压力
  B. 低于过热器安全阀开启压力
  C. 可大于实际允许工作压力5%,但不应超过锅炉设计压力
  D. 烟管炉不超过工作压力1.03倍,水管炉不超过1.05倍

2. 锅炉安全阀阀盘漏气的征兆是( )。
  A. 安全阀逸气管发热
  B. 逸气泄放螺塞取下有水流出
  C. 汽压上升慢,补水量增加
  D. A+B+C

3. 调节锅炉安全阀开启后的升程和关闭时的"压力降低量"是靠调节安全阀的( )。
  A. 先导阀
  B. 调节阀
  C. 主弹簧
  D. 调节螺栓

4. 当锅炉安全阀的调节圈向上调时,安全阀的( )。
  A. 压力降低量增大
  B. 升程降低
  C. 开启压力升高
  D. 开启压力降低

(二)简答题

1. 简述船用辅助锅炉安全阀不在规定压力开启故障的维修方法。
2. 船用辅助锅炉故障维修完工检验项目有哪些?

二、技能检验与提高

请对下面故障案例进行分析,确定故障原因,并制定出维修方案。

某轮船在长时间抛锚后,燃油锅炉出现冒黑烟,火焰颜色不正常的现象,并伴随着点火困难。经轮机员检查发现,锅炉烟侧出现严重脏堵,导致锅炉背压高。故需对该锅炉进行检修。

任务考核表

评价模块	评价内容	评价等级	综合评价
自我评价（20%）	通过本次故障维修方案制定，我学到的知识点和技能点：_____		
	不理解的：_____		
	我认为在以下方面还需要深化学习，并提升岗位能力：_____		
组内互评（30%）	按时上课，工装齐备，书、笔齐全		
	安全操作，责任心强，7S管理规范		
	学习积极主动，合理使用教学资源，主动帮助他人		
	接受工作分配，有效沟通，高效完成工作任务		
教师评价（50%）	评语：		

学习笔记：

任务七 维修船舶锚机

任务规则

工作任务	维修船舶锚机	教学模式	任务驱动
学时	4学时	教学场地	船舶辅机实训室
任务描述	某船舶修理厂负责对一艘散货船进行维修,工作人员在锚地抛锚过程中发现锚机有走锚现象,修理厂技术人员对锚机进行检查,根据检测的结果需要对锚机止链器和制动带进行修理或换新		
学习目标	1. 了解船舶锚机故障勘验内容。 2. 了解船舶锚机维修要求。 3. 掌握船舶锚机走锚故障维修方法。 4. 掌握船舶锚机故障维修完工检验项目及内容。 5. 能正确对船舶锚机故障进行维修。 6. 能正确对船舶锚机进行安装。 7. 树立安全意识和团队合作意识		
学习任务	1. 任务规划 (1)人员分组:每小组8~10人; (2)小组按工作任务作业表进行分析和资料学习; (3)小组经过讨论制定维修方案,每小组选派一人进行方案讲解,经过全体同学讨论,确定最佳实施方案; (4)任务实施:船舶锚机故障勘验、船舶锚机维修、船舶锚机装配、船舶锚机维修完工检查; (5)自我检验与提高; (6)维修船舶锚机任务评分。 2. 相关资源 船舶锚机说明书、拆装及测量工具、企业维修案例等		

学习活动

一、勘验船舶锚机故障

班级_____ 姓名_____ 学号_____ 日期_____

(一)学习与工作目标

(1)能确认船舶锚机实际的故障现象。

(2)建立初步故障维修思路。

(二)学习与工作过程

1. 勘验船舶锚机,确定故障原因

(1)检查锚链轮有无滑链、跳链、卡紧及偏磨现象。
(2)检查卷筒、绞缆筒或绞盘的工作状况。
(3)检查开式齿轮啮合情况及有无异常响声和振动。
(4)检查减速箱的密封情况及箱内有无异常响声和振动。
(5)检查离合装置及制动装置的操作是否灵活、可靠。
(6)检查轴承温度。
(7)检查止链器和制动带的状态。

2. 填写船舶锚机故障勘验报告(表3-18)

表3-18 船用锚机故障勘验报告

设备基本信息	
故障现象	
故障原因分析	
故障排除措施	
预计所需备件器材	
故障勘验的注意事项	

3. 故障确认

根据船舶锚机故障勘验报告,对其故障进行说明。

_____

二、制定船舶锚机故障维修方案

班级_____ 姓名_____ 学号_____ 日期_____

(一)学习与工作目标

(1)能根据船舶锚机故障勘验结果制定维修方案。
(2)能够展示学习成果并相互评价。

(二)学习与工作过程

根据任务要求,确定所需要的知识、设备、工具,并对小组成员进行合理分工,制定完成船舶锚机维修任务的详细方案。

1. 船舶锚机维修要求

(1)保证液压系统油的质量。

(2)由于锚机工作条件客观存在的不稳定性,易发生振动使各固定部分松动、裂开和变形,检查各部件。

(3)止链器及制动带是锚泊制动安全的保证,止链器、制动带一定要保持在使用可靠的良好状态。应当指出,在正常抛锚和收锚过程中,链槽会有磨损,止链器的背部或撑脚端部都会造成一定程度的磨损和变形,对于使用时间较长的锚链常常会发生链环拉长而直径相对变小,使得止链器的撑脚不能正确到位。这种情况在浪涌较大时的锚泊和收锚情况下的风浪天航行更危险,船舶的颠簸引起的锚或错链的冲击很可能使止链器进一步变形,以至于不起作用,造成锚链滑出和制动带损坏,有些船丢锚往往就是这样引起的。

(4)间隙检查应包含以下内容:测量锚链轮衬套与轴、卷筒衬套与轴、绞盘体衬套与支座轴的配合间隙,当超过最大安装间隙的2.5倍时,应予修理;测量各轴承的间隙,当超过最大安装间隙的2倍时,应予修理;测量齿侧间隙,当超过最大安装间隙的2倍时,应予修理。轴颈与轴承、衬套径向间隙和轴向间隙允许值见表3-19。

表3-19 轴颈与轴承、衬套径向间隙和轴向间隙允许值

项目	径向间隙		轴向间隙
	标准范围	允许极限	
轴颈与轴承	$0.0015d+0.10$	$0.004d$	$0.5 \sim 1.0$
轴颈与衬套	$0.0015d$	$0.004d$	$0.5 \sim 1.0$

注:d 为轴颈直径。

(5)检查锚链轮、卷筒、绞缆筒及牙嵌离合器工作表面的磨损、锈蚀情况及有无裂纹、变形与损伤。

(6)对于绞盘体、绞盘盖,应做下列检查:

检查各配合轴孔的磨损情况;测量各配合轴孔表面的圆度和圆柱度,当超过安装值的2.5倍时,应予修理。检查时应结合端面对轴线的垂直度。

(7)对于链轮轴、卷筒轴、绞缆筒轴、支座轴、中心轴、曲柄轴,应做下列检查:

检查轴的磨损、锈蚀情况及有无裂纹、弯曲变形与损伤;有键槽的检查键与键槽有无损伤,配合是否良好;测量各主要工作轴颈的圆度、圆柱度,当超过安装值的2.5倍时,应予修理。

(8)检查齿面的磨损、锈蚀情况及有无麻点、凹陷、裂纹与损伤。

(9)检查轮缘、轮辐、轮毂的锈蚀情况及有无裂纹与损伤;检查蜗杆有无弯曲变形及工作轴颈的磨损、锈蚀情况;测量齿轮在节圆上的齿厚;检查齿轮注油孔是否堵塞或损坏。

(10)轴承应做下列检查:

检查滑动轴承工作表面有无划痕、麻点、凹陷、裂纹、烧伤、偏磨等缺陷;检查滚动轴承内、外轴承圈及滚珠(滚柱)的磨损、锈蚀情况及有无麻点、凹陷、裂纹、烧伤等缺陷,转动是否灵活、平稳;检测轴承注油孔是否堵塞或损坏。

(11)检查减速箱本体及密封面有无锈蚀、裂纹、变形及损伤。

(12)检查轴承支架、底座及底座螺栓的锈蚀、损坏情况。当底座腐蚀达原设计厚度的25%时,应予加强或换新;当底座螺栓、螺母锈蚀严重时,应予换新。

2. 船舶锚机走锚故障维修方法

(1)适时地对磨损严重的链槽和止链器进行堆焊、修正。

(2)若制动带磨薄,应更换制动带,固定铜螺栓以防松动。

(3)上下制动带磨损不均,需调整限位螺栓与下制动片之间的间隙。

(4)更换制动带时注意检查制动带质量。安装制动带沉头螺栓时,应注意扩孔的深度;螺栓上紧后,沉头要沉入适当量,确保制动带磨损达30%时其螺栓不致松动。更换制动带时,也须对制动毂表面进行除锈打磨,增加摩擦面,确保平整;制动带安装后,要对制动机构进行试验、调节;刹紧后,制动杆螺牙要留有一定的余量。

3. 根据勘验报告,制定船舶锚机故障维修方案

(1)船舶锚机故障维修方案:_____
_____

(2)所需要的知识、设备、工具:_____
_____

(3)小组人员分工(表3-20)。

表3-20 工作岗位人员分工

工作岗位	人员姓名
主修人员	
辅修人员	
工具管理	
零件摆放	
安全监督	
质量检验	
7S监督	

三、实施船舶锚机故障维修方案

班级_____ 姓名_____ 学号_____ 日期_____

(一)学习与工作目标

(1)能够根据已制定的维修方案排除故障。

(2)能够总结排除故障思路并相互评价。

(二)学习与工作过程

(1)按照制定的故障维修方案维修船舶锚机。

(2)总结故障的排除思路。

故障的排除思路：_____。

(3)其他组的思路给我们的启示。

启示：_____。

(4)锚机的回装。

①所有的设备清洁报验合格，修理或换新的制动器和制动带必须验收合格后进行回装，回装时按照拆卸时的反顺序进行。

②各部位的螺栓和连接处的安装应按说明书规定上紧。

(5)附件的安装。按照拆前的记号进行所有附件的安装，附件安装过程中在锚机时需要对各运动部件加注润滑油。

四、船舶锚机故障维修完工检验

班级_____ 姓名_____ 学号_____ 日期_____

(一)学习与工作目标

(1)能够按照企业标准对船舶锚机维修结果进行检验。

(2)能够确认排除故障。

(二)完工检验及记录

(1)安装后的检查。

①主要检查附件与拆前的记号是否一致、各管路连接是否正常、电缆连接是否安装牢靠；

②测量锚链轮衬套与轴、卷筒衬套与轴、绞盘体衬套与支座轴的配合间隙；

③测量齿侧间隙；

④齿轮与轴的配合；

⑤锚链轮内孔与衬套的配合。

(2)锚机的液压油。液压系统油的质量对于设备的使用寿命及设备工作状况有着十分重要的意义，如果液压油中含金属量超标或存在酸性及黏度不正常等质量问题都会给油泵、油电动机及阀件带来不正常的腐蚀和过度磨损；液压油黏度不稳定也会导致锚机工作不稳定，有时系统油由于进水而乳化，将造成系统压力不正常，甚至会造成油泵、油电动机损坏。所以平时应注意观察系统油质变化情况，及时清洁滤器(包括磁性滤器)。一般每六个月清洁一次，定期(每年)对工作油进行化验(油中杂质含量须低于NASCLASS10标准)。根据化验情况决定是否换新或部分换新，以提高系统油质量，并保持油质在良好状态。

(3)锚机的启动。

①启动前的检查。

a. 检查确认操纵手柄放在空挡。

b. 检查油柜油位。

c. 检查锚机各部件有无遮挡，有无障碍物。

②锚机的启动。

a. 启动油泵，检查各处有无泄漏，有无异常声响；

b. 试验中各部件应工作平稳、灵活、可靠；锚链经过链轮时应无跳链、滑链和卡紧现象；

c. 试验中锚链经过链轮时应动作平稳。在抛锚过程中，试验制动 2~3 次，制动应工作可靠；

d. 起锚时应注意破土前低速高扭矩，破土后高速低扭矩。在锚破土后起锚平均速度应不小于 9 m/min。各运动部件应工作平稳，操纵机构应工作灵活、可靠。

(4)锚机的空载试验。

(5)完工检验记录。

(6)根据所学知识，对船舶柴油机日常使用维护提出合理化建议。

自我检验与提高

一、理论习题

(一)选择题

1. 锚机通常不设(　　)。

A. 离合器　　　　B. 手动刹车　　　　C. 绞缆卷筒　　　　D. 增速齿轮箱

2. 锚设备是操纵船舶的辅助设备，在(　　)的情况下要用到锚。

①靠离码头；②避台风；③紧急减刹船速；④船舶定速航行

A. ①②③　　　　B. ①③④　　　　C. ②③④　　　　D. ①②④

3. 关于锚机以下说法，错误的是(　　)。

A. 通常同时设有绞缆卷筒　　　　B. 电动锚机要设减速机构

C. 抛锚必须脱开离合器　　　　　D. 制动常用手动控制

4. 液压锚机系统和其他受压部件的液压试验压力应为设计压力的(　　)倍。

A. 1　　　　B. 1.25　　　　C. 1.5　　　　D. 2

(二)简答题

1. 简述船舶锚机走锚故障的维修方法。

2. 简述船舶锚机故障维修完工检验项目及内容。

二、技能检验与提高

请同学们对下面故障案例进行分析，确定故障原因，并制定出维修方案。

某船因受夏季台风袭击，而在某港外锚地抛下双锚避风，两天后台风过去，准备起锚时发现双锚锚链打结，经过 3 h 的起锚作业很勉强将左锚回收，但右锚因机械方面故障，锚链垂直时无法再行拉起，最后由于船期关系只能拖着右锚驶向目的港，并请求公司支援处理。

经紧急与公司总部请示，由船方轮机员先自行处理，发现系统液压油稍减少，经补充

液压油并清洁过滤器,发现液压油温高达 70 ℃,偏高但短期使用尚不致有重大危害,经反复测试发现:

(1)启动及暖机时一切正常,但当吊升出力达 5 MPa 时液压泵声响异常;

(2)吊升时液压电动机出力不足且声响异常;

(3)清洁过滤器并补充液压油;

(4)拆卸液压电动机控制把手,确定内部一切动作正常;

(5)拆卸液压电动机调整阀,确定内部及弹簧一切动作正常。

机器说明书上说明,本船锚机油压泵使用三螺杆泵,配备叶轮式电动机,经反复测试确定两部油压泵及两部油压电动机都故障严重,即请求公司船技部支援。公司机务安排维修工程人员、船级协会验船师、水上 400 t 浮吊及潜水工程人员顺利回收锚链及锚并做海事报告。

船级协会验船师指示,除非必要否则在近海航行时必须避免下锚,以免事态再恶化而发生无法将锚回收的事故,两台锚机液压油泵及电动机则依序分两次拆下送厂检修,待修好并试成功后再拆另一组。如此虽未造成营运业务上的任何船期损失,却导致维修金额的大幅增加。

● 任务考核表

评价模块	评价内容	评价等级	综合评价
自我评价(20%)	通过本次故障维修方案制定,我学到的知识点和技能点:_____		
	不理解的:_____		
	我认为在以下方面还需要深化学习,并提升岗位能力:_____		
组内互评(30%)	按时上课,工装齐备,书、笔齐全		
	安全操作,责任心强,7S 管理规范		
	学习积极主动,合理使用教学资源,主动帮助他人		
	接受工作分配,有效沟通,高效完成工作任务		
教师评价(50%)	评语:		

学习笔记:

项目四　维修船舶轴、舵系及螺旋桨

任务一　维修船舶轴系

任务规则

工作任务	维修船舶轴系	教学模式	任务驱动
学时	6学时	教学场地	船舶动力装置实训室
任务描述	某船在航行过程中发生触礁事故，螺旋桨桨叶、尾轴出现明显弯曲，主机齿轮箱出现拉裂现象，现进入船舶修理厂进行检修		
学习目标	1. 了解船舶轴系换新工艺要求。 2. 了解船舶轴系修理时的安装与配合技术要求。 3. 掌握船舶轴系修理拆卸过程及拆卸后的检查内容。 4. 掌握船舶轴系安装及试航验收检查内容。 5. 能正确对船舶轴系进行安装。 6. 能正确对船舶轴系进行故障检查和维修。 7. 树立安全意识和团队合作意识		
学习任务	1. 任务规划 (1)人员分组：每小组8～10人； (2)小组按工作任务作业表进行分析和资料学习； (3)小组经过讨论制定维修方案，每小组选派一人进行方案讲解，经过全体同学讨论，确定最佳实施方案； (4)任务实施：船舶轴系故障勘验、船舶轴系维修、船舶轴系维修完工检查； (5)自我检验与提高； (6)维修船舶轴系任务评分。 2. 相关资源 船舶轴系及其附件、拆装及测量工具、企业维修案例等		

学习活动

一、勘验船舶轴系故障

班级_____ 姓名_____ 学号_____ 日期_____

(一)学习与工作目标

(1)能确认船舶轴系实际的故障现象。
(2)建立初步故障维修思路。

(二)学习与工作过程

1. 勘验船舶轴系,确定故障原因

轴系修理前应对轴系的技术状态进行有针对性的航行检查和拆卸过程及拆卸后的检查。
(1)拆卸过程及拆卸后的检查。拆卸过程及拆卸后检查的主要内容如下:
①轴系校中状态检查;
②螺旋桨与尾轴配合情况检查;
③尾轴、中间轴、推力轴等轴表面质量和形位公差检查;
④密封装置磨损情况检查;
⑤轴系各轴承处径向间隙和磨损情况检查;
⑥轴系相关的管系及各附件工作状况检查。
(2)轴系校中状态检查。轴系校中状态检查包括轴系中心线偏差程度检查、尾轴与中间轴以及中间轴与推力轴(或齿轮减速箱输出轴、离合器轴)同轴度误差的检查。
①按轴系连接法兰上的偏移和曲折值检查轴系中心线偏差度。对船舶进行一般性修理而拆卸尾轴时,只需测量并检查尾轴与中间轴法兰的偏移和曲折值。

按连接法兰上的偏移和曲折值进行检查时,对直线校中的轴系应根据设计图纸设置临时支撑。如果是合理校中的轴系,则应根据合理校中计算书规定的部位设置临时支撑。
②尾轴与中间轴以及中间轴和推力轴(或齿轮减速箱输出轴、离合器轴)同轴度偏差的检查,即测量两端轴轴心线的总偏移值和总曲折值,用以判断整个轴系的技术状态。

测量上述两端的同轴度偏差,可以采用平轴法、平轴计算法、拉线法及光学仪器法等。
③按轴承上实际负荷检查轴系校中状态时,对用合理校中法安装的轴系,应用顶升法测量并计算出中间轴承处的实际负荷,用于判断轴系的技术状态,决定轴系的修理方案。
(3)螺旋桨与尾轴配合的检查。
①在拆卸之初,应首先检查螺旋桨与防绳罩的间距,测量螺旋桨端面与尾管端面或人字架端面之间的间距。螺旋桨的拆卸方法取决于它的安装工艺要求。
②螺旋桨在拆卸前应记下桨与轴的装配位置以及锁紧螺母与桨毂的紧配位置标记;拆

卸中，注意检查桨与轴的配合紧固情况；拆卸后应检查各配合锥面的接触情况以及键与轴槽、桨槽的配合情况。

③螺旋桨拆卸后，检查桨毂端面与尾轴保护套端面之间的密封圈厚度、弹性以及有无损坏情况。

(4)尾轴拆卸中的检查。

①取下螺旋桨和尾管填料函后，用长塞尺测量尾轴和尾管首、尾端轴承间的径向间隙。测量应在圆周的上、下、左、右四个部位上进行，塞尺插入深度约为轴承长度的1/10，但不得少于100 mm。

②尾轴抽出后，将轴表面擦拭干净，进行外观检查，检查其表面及其锥体部分有无裂纹、刻痕，检查与联轴器锥孔配合表面的接触情况以及键槽两侧面有无损伤等。

(5)尾轴、中间轴及推力轴的检查。

①船舶轴系检查时，应对尾轴、中间轴及推力轴进行检查，必要时送车间进行检查、测量。

②通过肉眼检查，必要时采用着色探伤、磁力探伤以及超声波探伤等方法检查碰痕、非正常磨损、裂纹等。

③轴进车间校调或光车时，应检查轴（包括联轴器）的圆度、圆柱度和跳动量等。

(6)尾轴承、中间轴承、推力轴承间隙的测量和检查。

①尾轴承。

a. 检查、测量尾轴承尺寸，并计算出其间隙。

b. 对轴承合金尾轴承应检查轴承合金表面的损伤情况，如有无裂纹、烧熔、拉毛、剥落及局部过度磨损等现象。

c. 对铁梨木及层压胶木尾轴承应检查轴承表面有无凹陷、裂纹或其他缺陷，检查板条与止动条镶嵌的紧密程度。

d. 对橡胶尾轴承应检查其表面有无分层、裂纹、气泡和脱壳等现象。

②中间轴承和推力轴承。

a. 检查、测量中间轴承尺寸，并计算出其间隙。

b. 检查中间轴承轴承合金表面的损伤情况，如有无裂纹、烧熔、拉毛、剥落及局部过度磨损等现象。

c. 检查并测量正、倒车时推力轴承推力块和推力环之间的轴向间隙以及推力轴轴颈与推力轴承之间的径向间隙。

d. 检查推力轴承推力块表面的磨损情况。

2. 填写船用轴系故障勘验报告(表4-1)

表4-1　船用轴系故障勘验报告

设备基本信息	
故障现象	

续表

设备基本信息	
故障原因分析	
故障排除措施	
预计所需备件器材	
故障勘验的注意事项	

3. 故障确认

根据船舶轴系故障勘验报告，对其故障进行说明。

_____

二、制定船舶轴系故障维修方案

班级_____ 姓名_____ 学号_____ 日期_____

(一)学习与工作目标

(1)能根据船舶轴系故障勘验结果制定维修方案。
(2)能够展示学习成果并相互评价。

(二)学习与工作过程

根据任务要求，确定所需要的知识、设备、工具，并对小组成员进行合理分工，制定完成船舶轴系维修任务的详细方案。

1. 轴系换新工艺要求

(1)清点船东备件情况，主要确定到厂备件的尺寸、型号是否正确，尾轴与螺旋桨、键槽是否匹配。

(2)制作拉线工装和后轴架支撑工装。

(3)以齿轮箱输出法兰为基准，在尾部设置拉线工装。

(4)拆除吊装齿轮箱阻碍件，根据齿轮箱的外形尺寸进行左舷外板开孔。

(5)吊出齿轮箱，清洁底座。

(6)将新齿轮箱吊进舱，安装齿轮箱，对中要求输入轴与主机飞轮同轴度和端面跳动均不大于 $0.2\ mm$，并且注意飞轮端与输入轴之间的距离。

(7)进行轴线的确定：

①支撑的设立：尾部在 0 号位从船体上设置拉线工装，首部在齿轮箱输出法兰端。

②基准点：齿轮箱输出法兰中心和前轴承座中心。

③检查点：轴线与舵中心的偏差。

④以齿轮箱输出法兰和前轴承座中心为基准进行拉线，调整前轴承 4 个方向的数据偏

差在 0.03 mm 内。

⑤舵轴孔中心拉线，并检查与尾管定位套中心线是否相交，同时测量并记录相交角度。

⑥如轴线与舵轴线偏差在 2 mm 内，则轴线合格；如偏差较大，则进行齿轮箱的调整，使其各数据在允许范围内。

(8)以定位套中心线为基准，找中定位尾轴支架轴毂，并焊接撑架固定，测量并记录钢丝线到前、中定位套及轴毂上、下、左、右 4 个数据，作为检查参考。

(9)尾轴支架上面先与船体部分焊接，严格控制焊接变形，焊接结束后测量检查轴毂中心线到两边支臂中线距离均为 400 mm。

(10)以右轴系测量数据作为参考，现场测量检查左边轴毂端面到中间定位套端面的距离。

(11)尾轴支架下端与轴毂焊接，两边支臂同时施焊，每焊完一层，测量轴毂中心线到上、下、左、右四个位置的数据，以此检查轴毂与轴系偏差情况，并根据数据调整焊接尾轴承支承架位置和方向。最终焊接结束后轴毂中心线偏差不得超过 1 mm。

(12)焊接后对尾轴架进行应力消除。

(13)根据轴线进行加工圆的确定，安装镗孔工具。

(14)按照图纸要求镗内孔和端面。

(15)根据镗孔的数据进行轴承的加工、安装。

(16)根据现场的尺寸制作尾轴护套管。

(17)安装尾轴及附件。

(18)安装舵及附件。

(19)船舶下水后进行对中，以尾轴法兰往前对，各个数值在允许范围内。

(20)对中合格后，安装齿轮垫片，铰孔。

(21)安装齿轮箱附件。

(22)尾轴进行码头负荷试验。

2. 根据勘验报告，制定船舶轴系故障维修方案

(1)船舶轴系故障维修方案：＿＿

(2)所需要的知识、设备、工具：＿＿

(3)小组人员分工(表 4-2)。

表 4-2　工作岗位人员分工

工作岗位	人员姓名
主修人员	
辅修人员	
工具管理	

续表

工作岗位	人员姓名
零件摆放	
安全监督	
质量检验	
7S 监督	

三、实施船舶轴系故障维修方案

班级_____ 姓名_____ 学号_____ 日期_____

(一)学习与工作目标

(1)能够根据已制定的维修方案排除故障。
(2)能够总结排除故障思路并相互评价。

(二)学习与工作过程

(1)按照制定的故障维修方案维修船舶轴系。
(2)总结故障的排除思路。
故障的排除思路：_____。
(3)其他组的思路给我们的启示。
启示：_____。
(4)船舶轴系修理时的安装与配合技术要求。
①尾轴与尾轴承的配合。
a. 润滑油润滑的轴承合金尾轴承装配间隙与轴承合金厚度应符合表 4-3 的规定。

表 4-3 润滑油润滑的轴承合金尾轴承装配间隙与轴承合金厚度   mm

轴径 d	更换		安装	
	极限间隙	轴承合金允许最小厚度	安装间隙	轴承合金新制最小厚度
100	1.80	1.60	0.40～0.50	3.20
100～120	2.00	1.60	0.45～0.55	3.20
120～150	2.20	1.80	0.50～0.60	3.60
150～180	2.40	1.80	0.55～0.65	3.60
180～220	2.60	2.00	0.60～0.70	4.00
220～260	2.80	2.00	0.65～0.75	4.00

续表

轴径 d	更换		安装	
	极限间隙	轴承合金允许最小厚度	安装间隙	轴承合金新制最小厚度
260~310	3.00	2.20	0.70~0.80	4.40
310~360	3.20	2.20	0.75~0.85	4.40
360~440	3.50	2.40	0.80~0.90	4.80
440~500	3.80	2.40	0.85~0.95	4.80
500~600	4.10	2.60	0.90~1.00	5.20
600~700	4.50	2.60	1.00~1.10	5.20

b. 当轴承合金尾轴承长度 $L>4d$ 时，为减少轴承边缘负荷，其安装间隙应放大 10%~20%。

c. 对航行于水浅流急、航道狭窄的船舶，为减少轴系的振动，防止轴系发生突然事故，轴承合金尾轴承的极限间隙应按规定值缩小 25%。

d. 对于低转速（$n<150$ r/min）船舶轴系，其轴承合金尾轴承的极限间隙可放大 20%。

e. 对采用青铜或铸铁作为尾轴承材料的轴系，其安装间隙应比表 4-3 中的规定值放大 25%，其更换值按照表 4-3 规定。

f. 一般修理的船舶，修理后的轴承合金尾轴承的安装间隙应取表 4-3 中较大值。

②中间轴与中间轴承的配合。

a. 合金中间轴承的装配间隙与轴承合金厚度应符合表 4-4 的规定。

表 4-4 合金中间轴承的装配间隙与轴承合金厚度　　　　　　　　　　mm

轴径 d	更换		安装	
	极限间隙	轴承合金极限厚度	安装间隙	轴承合金新制最小厚度
<100	0.40	1.20	0.15~0.19	3.00
100~120	0.45	1.40	0.18~0.22	3.00
120~150	0.50	1.60	0.20~0.24	3.00
150~180	0.55	1.80	0.22~0.26	3.00
180~220	0.60	2.00	0.24~0.27	3.50
220~260	0.65	2.20	0.27~0.34	3.50
260~310	0.75	2.40	0.32~0.40	4.00
310~360	0.85	2.60	0.38~0.46	4.00

续表

轴径 d	更换		安装	
	极限间隙	轴承合金极限厚度	安装间隙	轴承合金新制最小厚度
360～440	0.95	2.80	0.42～0.54	4.50
440～500	1.10	3.00	0.50～0.62	4.50
500～600	1.30	3.00	0.55～0.70	5.00
600～700	1.50	3.00	0.65～0.80	5.00

b. 表4-4中所列安装间隙适用于转速 $n<150$ r/min 的中间轴承。

当 $n=150\sim350$ r/min 时，安装间隙应增大 0.04～0.06 mm；

当 $n=350\sim750$ r/min 时，安装间隙应增大 0.06～0.10 mm。

c. 对于铸钢材料的轴瓦或本体，对轴承合金厚度的要求，允许按表4-4的规定值减薄20%。

d. 中间轴承的轴承合金工作表面上不应有裂纹、烧熔、拉毛、剥落等现象。若有局部缺陷允许修复，严重时应重新浇铸轴承合金。

③推力轴与推力轴承的配合。

a. 推力轴承的安装间隙、极限间隙应符合表4-5的规定。

表4-5 推力轴承的安装间隙与极限间隙　　　　　　　　　　mm

轴径 d	推力轴与推力轴承的径向间隙		推力环与推力轴承的轴向总间隙		推力块轴承合金的极限厚度
	安装间隙	极限间隙	安装间隙	极限间隙	
100	0.10～0.15	0.40	0.10～0.20	0.40	1.20
100～120	0.13～0.18	0.45	0.15～0.25	0.45	1.40
120～150	0.15～0.20	0.50	0.20～0.30	0.52	1.60
150～180	0.18～0.231	0.55	0.25～0.35	0.60	1.80
180～220	0.20～0.25	0.60	0.30～0.40	0.70	2.00
220～260	0.22～0.30	0.65	0.35～0.48	0.80	2.20
260～310	0.25～0.33	0.70	0.40～0.55	0.90	2.40
310～360	0.32～0.40	0.80	0.45～0.60	1.00	2.60
360～440	0.36～0.45	0.90	0.50～0.70	1.15	2.80
440～500	0.40～0.50	1.00	0.55～0.75	1.30	3.00
500～600	0.45～0.55	1.10	0.60～0.80	1.45	3.00
600～700	0.50～0.60	1.20	0.70～0.90	1.60	3.00

表 4-5 所列是指单环式推力轴承，对采用压力润滑者，其安装间隙应取表中较大值。对多环式推力轴承，轴向极限总间隙可按表 4-5 放大 25%。

b. 对尾轴管尾端采用金属环密封装置时，推力轴承的轴向间隙允许缩小 20%。

c. 推力轴颈与支承轴瓦应经研制配合，要求均匀接触，沿圆周方向接触面积不小于 60°的范围。推力环与推力块经研制配合，要求均匀接触，接触面积在 75% 以上。推力块轴承合金表面不应有气孔、疏松等缺陷，其背部与推力块本体黏合牢固，不允许有脱壳现象。

d. 推力轴承的推力块之间的厚度差，对用调节板调节的不应大于 0.02 mm，对用支撑螺栓调节的则可不受此限制。

④轴系校中。

⑤轴系扭转振动。船舶修理时，凡主机功率大于 110 kW 的船舶推进装置，如经批准后又进行了修改（例如推进系统的重新设计或更改、螺旋桨的改变、加装弹性联轴器等）以及使用中轴系发生断裂问题时，应对轴系扭转振动重新进行计算和根据需要进行实船测试，并以实测为准。然后进行扭振系统的审查。

四、船舶轴系故障维修完工检验

班级＿＿＿＿ 姓名＿＿＿＿ 学号＿＿＿＿ 日期＿＿＿＿

(一)学习与工作目标

(1)能够按照企业标准对船舶轴系维修结果进行检验。

(2)能够确认排除故障。

(二)完工检验及记录

1. 轴系安装验收检查

(1)当轴与轴承经换新或加工修理时，其装配间隙应符合规定要求。在安装中应塞片测量轴颈与轴承上、下、左、右四个位置的间隙，要求上部间隙等于装配间隙，下部等于零，而左右两侧的间隙各自等于装配间隙的 40%～60%，不允许为零；否则应以转车和试验情况作为验收依据。

(2)当尾轴或尾轴承经换新或加工修理时，应检查尾轴与相邻中间轴法兰间的偏移和曲折值，且应满足规定要求。若偏移或曲折值有所超差，但比原始测量值有所改善，则当船舶运行正常时，最后予以验收。

(3)油润滑尾轴承密封装置或尾轴管填料函在轴系组装后应进行油压试验，且应满足有关规定。

2. 轴系试航验收检查

(1)船舶在试航中，水润滑的尾轴管首端密封填料函允许略有水流滴。对油润滑的尾轴承密封装置，则根据其不同的结构形式应分别满足相应规定。

(2)在试航中,整个轴系及轴承工作要平稳,无异常的敲击、振动和摩擦声音。

(3)推力轴承、中间轴承、尾轴管首端密封装置和填料函应无过热现象,其稳定温度应符合表 4-6 的规定。

表 4-6　推力轴承、中间轴承、尾轴管稳定温度

部位	转速 $n/(r \cdot min^{-1})$			
	≤300		>300	
	工作环境温度			
	≤30	>30	≤30	>30
推力轴承	≤60	≤65	≤65	≤70
滑动中间轴承	≤55	≤60	≤60	≤65
滚动中间轴承	≤65	≤70	≤70	≤75
首油封衬套和摩擦盘	≤75	≤80	≤80	≤85
填料函本体与压盖	≤75			

(4)某处温度虽然超过表 4-6 中规定,但不高于其原始使用温度时,允许使用。各中间轴承温度稳定后,其相对温差(指润滑油温度)不宜过大。

3. 轴系修理后提交文件

(1)轴与轴承间隙的原始及修换后的测量记录。

(2)轴系中心线(一般指尾轴与相邻中间轴法兰间的偏移和曲折值)的原始和校正安装记录。

(3)轴的校调和加工记录。

(4)轴等重要部件更换后的材料化学成分和机械性能合格证书。

(5)轴承密封装置检查、修理和加工记录。

(6)船舶进厂预试航及出厂试航的轴承温度记录。

4. 完工检验记录

5. 根据所学知识,对船舶柴油机日常使用维护提出合理化建议

• 自我检验与提高

一、理论习题

(一)单项选择题

1.有关轴系的结论正确的是(　　)。

A. 长轴系，刚性好，对偏差敏感

B. 短轴系，挠性小，对偏差不敏感

C. 刚性轴校中质量取决于两端轴同轴度大小

D. 有中间轴的轴系称长轴系

2. 船轴腐蚀主要发生在（　　）。

A. 推力轴　　　　B. 中间轴　　　　C. 尾轴　　　　D. 曲轴

3. 船轴的主要损坏形式是工作轴颈的（　　）。

A. 裂纹　　　　B. 断裂　　　　C. 磨损　　　　D. 腐蚀

4. 船舶轴系修理后，在安装时应符合（　　）要求。

A. 曲轴轴线稍高于尾轴轴线，总曲折为下开口

B. 曲轴轴线略低于尾轴轴线，总曲折为上开口

C. 两端轴中心线重合

D. 两端轴中心线平行

5. 船舶轴系轴线状态检查的项目有（　　）。

A. 轴系中心线弯曲度

B. 轴系两端轴的同轴度偏差

C. 轴系中心线偏差度

D. 轴系中心线偏差度和两端轴的同轴度偏差

6. 轴系的附加应力主要由（　　）产生。

A. 气体力　　　　　　　　　　B. 横向振动

C. 摩擦　　　　　　　　　　　D. 螺旋桨上下运动的惯性力

（二）简答题

1. 轴系拆卸过程及拆卸后的检查内容主要包括哪些？
2. 船舶轴系安装验收检查内容有哪些？
3. 船舶轴系试航验收检查内容有哪些？

二、技能检验与提高

请对下面故障案例进行分析，确定故障原因，并制定出维修方案。

某船下水运营两年，某航次停靠在国外某港口，例行检查发现主机中间齿轮轴承异常磨损，船方要求厂家派技术人员抵港更换，当时，厂家质疑船方管理不善引发故障，但又缺乏证据。半年后，船抵达国内某港口，厂家派员跟进检查又发现该更换后的中间齿轮轴承磨损严重。因此，厂家怀疑轴线对中不良引发传动齿轮脉动超限，导致中间齿轮轴承负荷异常，而导致磨损严重。故要求该船进入船舶修理厂进行检修。

任务考核表

评价模块	评价内容	评价等级	综合评价
自我评价(20%)	通过本次故障维修方案制定，我学到的知识点和技能点：_____		
	不理解的：_____		
	我认为在以下方面还需要深化学习，并提升岗位能力：_____		
组内互评（30%）	按时上课，工装齐备，书、笔齐全		
	安全操作，责任心强，7S管理规范		
	学习积极主动，合理使用教学资源，主动帮助他人		
	接受工作分配，有效沟通，高效完成工作任务		
教师评价（50%）	评语：		

学习笔记：

任务二　维修船舶舵系

📋 任务规则

工作任务	维修船舶舵系	教学模式	任务驱动
学时	4 学时	教学场地	船舶柴油机实训室
任务描述	某船舶在航行过程中发现舵系工作存在异响问题，船东在坞修工程单中提出对应维修项目申请，要求船舶修理厂对舵系进行检修		
学习目标	1. 了解舵系维修要求。 2. 了解舵系执行机构完工验收要求。 3. 掌握舵系故障勘验检查内容。 4. 能正确对船舶舵系进行故障检查和维修。 5. 树立安全意识和团队合作意识		
学习任务	1. 任务规划 (1)人员分组：每小组 8～10 人； (2)小组按工作任务作业表进行分析和资料学习； (3)小组经过讨论制定维修方案，每小组选派一人进行方案讲解，经过全体同学讨论，确定最佳实施方案； (4)任务实施：船舶舵系故障勘验、船舶舵系维修、船舶舵系装配、船舶舵系维修完工检查； (5)自我检验与提高； (6)维修船舶舵系任务评分。 2. 相关资源 可拆装船舶舵系、拆装及测量工具、企业维修案例等		

📖 学习活动

一、勘验船舶舵系故障

班级_____　　姓名_____　　学号_____　　日期_____

(一)学习与工作目标

(1)能确认船舶舵系实际的故障现象。

(2)建立初步故障维修思路。

(二)学习与工作过程

1. 勘验船舶舵系,确定故障原因

(1)舵系常规检查,并记录以下内容:

①舵机以及液压管路系统的运行状况;

②舵系是否转动灵活,有无卡阻、异常振动或异常声响;

③测量舵叶的跳动量。

(2)舵杆/舵销检查。

①常规检查,内容如下:

a. 锥体螺母松紧度、保险情况;

b. 轴承是否松动;

c. 轴承间隙测量;

d. 法兰连接螺母是否松动,水泥包覆是否完好;

e. 校验舵板与舵机零位位置;

f. 机械舵角与远传显示的自动舵角是否一致。

②海损后追加检查,内容如下:

a. 应对舵杆的法兰根部、锥体、键槽进行着色检查有无裂纹,上平台检查扭转角度、曲折位(包括与法兰的垂直度);

b. 拉线或激光检查舵系中心线的对准情况。

(3)舵叶检查。

①外观检查,内容如下:

检查舵叶有无变形、裂纹、腐蚀、渗漏等,必要时对舵叶进行测厚和密性试验。

②形状检查,内容如下:

a. 流线型舵随边对称度偏差应不超过舵叶最大厚度的5%。

b. 局部凹陷应不超过舵叶最大厚度的2%。

c. 舵叶外板锈蚀深度应不超过公称板厚的35%。

d. 对舵叶焊缝进行外观检查,应没有漏痕及严重腐蚀等缺陷。

2. 填写船舶舵系故障勘验报告(表 4-7)

表 4-7 船舶舵系故障勘验报告

设备基本信息	
故障现象	
故障原因分析	
故障排除措施	
预计所需备件器材	
故障勘验的注意事项	

3. 故障确认

根据船舶舵系故障勘验报告,对其故障进行说明。

_____

二、制定船舶舵系故障维修方案

班级_____ 姓名_____ 学号_____ 日期_____

(一)学习与工作目标

(1)能根据船舶舵系故障勘验结果制定维修方案。
(2)能够展示学习成果并相互评价。

(二)学习与工作过程

根据任务要求,确定所需要的知识、设备、工具,并对小组成员进行合理分工,制定完成船舶舵系维修任务的详细方案。

1. 舵承维修要求

(1)上舵承。平面滑动式舵杆上舵承安装配合要求如图 4-1 所示,锥体滑动式舵杆上舵承安装配合要求如图 4-2 所示。

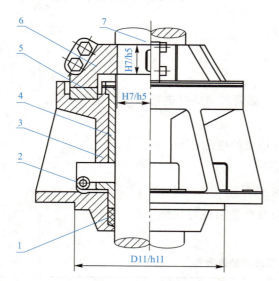 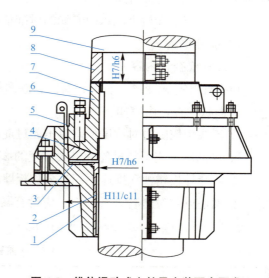

图 4-1 平面滑动式舵杆上舵承安装配合要求
1—水密填料;2—压盖;3—舵承体;4—舵承衬套;
5—推力片;6—推力盘;7—舵杆

图 4-2 锥体滑动式上舵承安装配合要求
1—舵承体;2—舵承衬套;3—键;4—推力片;
5—压盖;6—推力盘;7—键;8—挡圈;9—舵杆

舵承体和推力盘连接螺栓中至少有两个紧配螺栓,且位于不同侧。如果止推滑动平面腐蚀严重、咬痕较深,则应光车修复。两配合面应相互研配,要求接触面积在 70% 以上,且分布均匀，每 25 mm×25 mm 不少于 2 个接触点。推力盘与舵杆连接键应接触紧凑，不应有松动现象。供油孔和润滑油槽应重合，油路应畅通。

推力盘与舵杆的连接键接触长度不少于 85%。

滑动式上舵承衬套与舵杆的安装间隙和极限间隙见表 4-8。

挡圈与舵杆的上下平面间隙应不大于 0.05 mm。

舵承体与舵承座孔的配合间隙，当换新时按《产品几何技术规范(GPS)线性尺寸公差 ISO 代号体系 第 1 部分：公差、偏差和配合的基础》(GB/T 1800.1—2020)规定的 D11/h11 进行加工。

表 4-8　舵杆与上舵承衬套安装间隙和极限间隙　　　　　　　　　　　　　　mm

舵杆直径	舵杆与上舵承衬套配合间隙		舵杆与挡圈的轴向配合间隙值	舵杆上舵承套与舵承体配合值
	安装配合值	极限值		
≤50	0.25～0.33	1.20	0.030～0.041	+0.005～−0.059
50～65	0.33～0.40	1.60	0.041～0.049	+0.005～−0.071
65～80				+0.003～−0.073
80～100	0.40～0.46	2.30	0.049～0.057	+0.003～−0.086
100～120				0～−0.089
120～140				0～−0.103
140～160	0.46～0.58	2.90	0.057～0.065	−0.002～−0.105
160～180				−0.005～−0.108
180～200	0.58～0.70	3.50	0.065～0.075	−0.005～−0.123
200～225				−0.008～−0.126
225～250	0.58～0.70	3.50	0.065～0.075	−0.012～−0.130
250～280	0.70～0.80	4.00	0.075～0.084	−0.130～−0.146
280～315				−0.017～−0.150
315～355	0.80～1.00	4.50	0.084～0.093	−0.019～−0.165
355～400				−0.025～−0.171
400～450	1.00～1.20	5.40	0.093～0.103	−0.029～−0.189
450～500				−0.035～−0.195
500～560	1.20～1.40	6.30	0.103～0.147	−0.040～−0.200
560～630				−0.045～−0.210
630～800	1.40～1.60	7.00	0.147～0.197	−0.050～−0.220
注：+为间隙值，−为过盈值。				

(2)下舵承。双支承平衡舵及导管舵安装图如图 4-3 和图 4-4 所示。

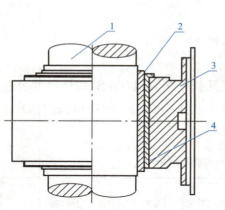

图 4-3 双支承平衡舵
1—舵杆;2—衬套;3—舵承体;4—护套

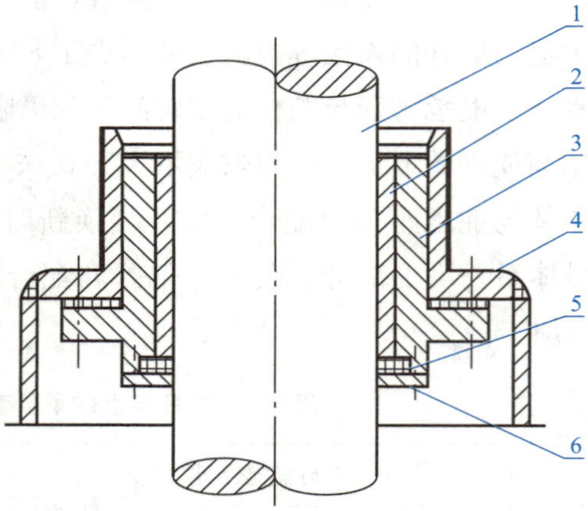

图 4-4 导管舵
1—舵杆;2—衬套;3—护套;4—舵承套筒;5—密封圈;6—压盖

舵杆下舵承材料为铜质合金、不锈钢、尼龙及其他树脂合成材料。

舵杆下舵承衬套壁厚要求见表 4-9。

表 4-9 衬套壁厚要求   mm

舵杆直径	铜或尼龙衬套壁厚
≤80	6
80~120	8
120~180	10
180~250	12
250~315	14
315~400	16
400~500	18
500~630	20
注:当衬套采用其他树脂合成材料时,其壁厚按照产品说明书或者厂家推荐。	

舵杆舵承衬套与舵承体的安装配合值 $\Delta\delta$ 按式(4-1)确定:

$$\Delta\delta = 2.1 \times 10^4 (d-50) + (t_1-t_2)(a_1-a_2)D + 0.04 \tag{4-1}$$

式中 $\Delta\delta$——衬套与舵承体安装配合的数值,单位为 mm;

d——舵杆公称直径的数值,单位为 mm;

D——舵承衬套外径或舵承衬套座孔内径的公称尺寸的数值,单位为 mm;

t_1——安装时舵承衬套和舵承衬套座孔温度的数值,单位为℃;

t_2——舵承衬套的最低工作环境温度的数值,单位为℃;

a_1——舵承衬套材料的温胀系数,铜质材料一般取 $18×10^{-6}$/℃,尼龙材料 66 一般取 $9×10^{-6}$/℃,层压胶木一般取 $(60\sim80)×10^{-6}$/℃,赛龙材料 XL 型一般取 $153×10^{-6}$/℃,赛龙材料 SXL 型一般取 $230×10^{-6}$/℃;

a_2——舵承衬套座孔材料钢的温胀系数,一般取 $11×10^{-6}$/℃。

双支承平衡舵及导管舵下舵承的安装间隙和极限间隙见表 4-10。

表 4-10 双支撑平衡舵及导管舵的下舵承及舵底承安装间隙和极限间隙   mm

舵杆直径	铜级轴承合金		树脂合成材料①	
	标准范围	航行极限	标准范围	航行极限
≤80	0.35～0.50	3.00	0.40～0.55	3.00
80～120	0.50～0.60	4.00	0.55～0.65	4.00
120～180	0.60～0.70	4.50	0.65～0.80	4.50
180～250	0.70～0.85		0.80～0.95	
250～315	0.85～1.00	5.00	0.95～1.15	5.00
315～400	1.00～1.15	5.50	1.15～1.35	5.50
400～500	1.15～1.35	6.00	1.35～1.60	6.50

①指尼龙及其相当的材料,不含赛龙。赛龙舵承等合成树脂(或高分子材料)的安装间隙和极限间隙值应按原产品的说明书。

悬挂舵下舵承安装间隙和极限间隙分别为表 4-10 规定值的 80% 和 70%。

如舵承衬套与本体配合松动时,应予以修理或换新。在修理中允许采用涂环氧树脂的办法胶结安装。在修理中,允许将铜制舵承衬套经车削内圆拉槽浇铸轴承合金后重新使用,但要控制好填料温度,以防止轴承变形。

根据舵系校中的要求,允许偏心加工中间舵承及舵底承衬套,但其最小壁厚应满足表 4-9 的规定。

舵承衬套与舵承体的安装配合值按式(4-1)确定。

凡采用板条式舵承(如高分子板条等),其镶嵌应紧密,背部接触应良好。用 0.10 mm 塞尺检查,在圆周 80% 以上部位不应被插进,局部插入深度不应超过板条厚度的 1/2。允许采用工艺套筒的办法组合、加工和更换板条式舵承。

2. 根据勘验报告,制定船舶舵系故障维修方案

(1)船舶舵系故障维修方案:＿＿＿＿＿＿＿＿＿＿＿＿＿＿＿＿＿＿＿＿＿＿＿＿

＿＿＿＿＿＿＿＿＿＿＿＿＿＿＿＿＿＿＿＿＿＿＿＿＿＿＿＿＿＿＿＿＿＿＿＿＿＿

(2)所需要的知识、设备、工具:＿＿＿＿＿＿＿＿＿＿＿＿＿＿＿＿＿＿＿＿＿＿

＿＿＿＿＿＿＿＿＿＿＿＿＿＿＿＿＿＿＿＿＿＿＿＿＿＿＿＿＿＿＿＿＿＿＿＿＿＿

(3)小组人员分工(表 4-11)。

表 4-11 工作岗位人员分工

工作岗位	人员姓名
主修人员	
辅修人员	
工具管理	
零件摆放	
安全监督	
质量检验	
7S 监督	

三、实施船舶舵系故障维修方案

班级_____ 姓名_____ 学号_____ 日期_____

(一)学习与工作目标

(1)能够根据已制定的维修方案排除故障。
(2)能够总结排除故障思路并相互评价。

(二)学习与工作过程

(1)按照制定的故障维修方案维修船舶舵系。
(2)总结故障的排除思路。
故障的排除思路：_____。
(3)其他组的思路给我们的启示。
启示：_____。

四、船舶舵系故障维修完工检验

班级_____ 姓名_____ 学号_____ 日期_____

(一)学习与工作目标

(1)能够按照企业标准对船舶舵系维修结果进行检验。
(2)能够确认排除故障。

(二)完工检验及记录

1. 舵系执行机构完工后验收要求

(1)舵系安装后，在全舵角范围内转动应灵活、可靠、平稳，无卡滞、异响及振动现象。

(2)舵叶实际位置应与舵机上舵角指示器的位置一致,0°位置无偏差,其他位置偏差应不超过0.5°。

(3)转舵试验时,若舵机与舵系统处于脱开状态下,对于舵杆轴颈直径小于360 mm 的舵系,可用人力推动舵叶转动;对舵杆轴颈直径大于360 mm 的舵系,可采用辅助操舵装置予以转动。

(4)转舵试验时,如果发现转动较重,可视具体情况允许通过系泊或航行试验检查。若系泊或航行试验中舵系性能可靠、安全,使用良好,则可予以验收。

(5)舵系填料箱应不漏水。凡采用油润滑的舵系,密封装置在注油后应不漏油。

(6)导流管经换板或大面积焊补修理后,应做舵桨旋转试验,即导流管做满舵位的旋转,螺旋桨也同时转动,整个过程应不发生导流管与螺旋桨的相碰现象。

2. 完工检验记录

3. 根据所学知识,对船舶柴油机日常使用维护提出合理化建议

● 自我检验与提高

一、理论习题

(一)单项选择题

1. 坞内校验时对舵系的检验包括(   )。

①测量舵承间隙及舵的下沉量;②检查舵杆、舵轴法兰盘及其连接螺母;③检查舵销螺母的止动情况;④检查舵轴、舵销及局蚀情况

   A. ①③④   B. ①②③   C. ①②③④   D. ②③④

2. 舵系检验,测量舵承间隙时,应使舵处于(   )位置,测量舵承前、后、左、右处的间隙。

   A. 左满舵   B. 右满舵   C. 中央   D. 以上全部

3. 铁梨木舵承发生(   )时应更换。

   A. 过度磨损   B. 变形   C. 开裂   D. 裂纹

(二)简答题

1. 舵系故障勘验过程中,常规检查内容有哪些?

2. 舵系执行机构完工后验收要求有哪些?

二、技能检验与提高

请对下面故障案例进行分析,确定故障原因,并制定出维修方案。

某拖轮在作业过程中船长操作控制左舵桨手柄时,船舶的航向没有改变,多次操作仍然没有反应,船长关闭左舵桨,操作右舵桨航行,船舶一切正常,船长初步判断左舵桨失灵,无动作。首先检查电气线路部分,发现没有问题,船长确认是左舵桨转轴出现问题,

需要进坞进行修理。进坞后对左舵桨进行拆卸，并更换轴承，回装结束后进行调试，船舶在航行过程中操作左舵桨，再次发现航行的轨道发生偏离。故要求该船进入船舶修理厂进行检修。

任务考核表

评价模块	评价内容	评价等级	综合评价
自我评价(20%)	通过本次故障维修方案制定，我学到的知识点和技能点：_____		
	不理解的：_____		
	我认为在以下方面还需要深化学习，并提升岗位能力：_____		
组内互评（30%）	按时上课，工装齐备，书、笔齐全		
	安全操作，责任心强，7S管理规范		
	学习积极主动，合理使用教学资源，主动帮助他人		
	接受工作分配，有效沟通，高效完成工作任务		
教师评价（50%）	评语：		

学习笔记：

任务三　维修船用螺旋桨

任务规则

工作任务	维修船用螺旋桨	教学模式	任务驱动
学时	4 学时	教学场地	轮机综合实训室
任务描述	某船选用定距螺旋桨,在航行过程中发生触礁事故,螺旋桨桨叶出现明显划痕和弯曲,船舶航行受到影响,现进入船舶修理厂进行船用螺旋桨检修			
学习目标	1. 了解船用螺旋桨维修技术要求。 2. 掌握船用螺旋桨故障检查部位及内容。 3. 掌握船用螺旋桨维修结果、检验项目及内容。 4. 能正确对船用螺旋桨进行安装。 5. 能正确对船用螺旋桨进行故障检查和维修。 6. 树立安全意识和团队合作意识			
学习任务	1. 任务规划 (1)人员分组:每小组8~10人; (2)小组按工作任务作业表进行分析和资料学习; (3)小组经过讨论制定维修方案,每小组选派一人进行方案讲解,经过全体同学讨论,确定最佳实施方案; (4)任务实施:船用螺旋桨故障勘验、船用螺旋桨维修、船用螺旋桨装配、船用螺旋桨维修完工检查; (5)自我检验与提高; (6)维修船用螺旋桨任务评分。 2. 相关资源 船用螺旋桨、拆装及测量工具、企业维修案例等			

学习活动

一、勘验船用螺旋桨故障

班级_____　姓名_____　学号_____　日期_____

(一)学习与工作目标

(1)能确认船用螺旋桨实际的故障现象。
(2)建立初步故障维修思路。

(二)学习与工作过程

1. 勘验船用螺旋桨,确定故障原因

(1)桨叶表面检查。

①检查桨叶各部位有无裂纹、剥蚀等缺陷。

②检查桨叶边缘有无锯齿、缺口等缺陷。

③检查桨叶边缘有无弯曲等缺陷。

④对目视检查存在问题的可疑部位进行着色探伤检查。

(2)桨毂表面检查。

①检查桨毂是否有明显外伤、碰伤、缺损和腐蚀。

②着色探伤检查桨毂是否有裂纹。

检查液压油孔、牛油孔或吊耳孔的堵头是否完好。

(3)导流罩及锥孔检查。

①检查螺旋桨导流罩或导流鳍的紧固螺栓是否完好,水密性是否完好。

②如螺旋桨轴或桨叶换新,则检查桨毂锥孔与桨轴锥体接触面是否完好。

2. 填写船用螺旋桨故障勘验报告(表 4-12)

表 4-12　船用螺旋桨故障勘验报告

设备基本信息	
故障现象	
故障原因分析	
故障排除措施	
预计所需备件器材	
故障勘验的注意事项	

3. 故障确认

根据船用螺旋桨故障勘验报告,对其故障进行说明。

_____

二、制定船用螺旋桨故障维修方案

班级_____　姓名_____　学号_____　日期_____

(一)学习与工作目标

(1)能根据船用螺旋桨故障勘验结果制定维修方案。

(2)能够展示学习成果并相互评价。

(二)学习与工作过程

根据任务要求,确定所需要的知识、设备、工具,并对小组成员进行合理分工,制定完成船用螺旋桨维修任务的详细方案。

1. 船用螺旋桨维修技术要求

(1)螺旋桨表面的区域划分及缺陷的处理。根据缺陷在螺旋桨不同部位所产生的不同的危害程度,通常将螺旋桨表面划分为三个区域,如图 4-5 所示。各区域允许存在的缺陷参见表 4-13。

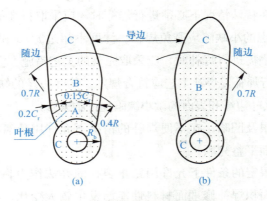

图 4-5　螺旋桨表面的区域划分

(a)压力面;(b)吸力面

R—螺旋桨半径

表 4-13　各区域允许存在的缺陷　　　　　　　　　　mm

缺陷位置	缺陷类型	最大允许尺寸	150 mm×150 mm 内允许存在的缺陷数量	缺陷排列的最小间距	缺陷密集的允许面积
A 区	非线性	3.2	15	S	
B、C 区	线性	3.2	6	$4S$	
	非线性	3.2	20	S	
	线性	6.4	8	$4S$	
桨毂表面	非线性	6.4	15	S	不大于各分区表面积的 5%
	线性	9.5	6	$4S$ 或 25(两者中取小者)	
锥孔及键槽表面	非线性	6.4	5	S	
	线性	9.5	3	$4S$ 或 25(两者中取小者)	

续表

缺陷位置	缺陷类型	最大允许尺寸	150 mm×150 mm 内允许存在的缺陷数量	缺陷排列的最小间距	缺陷密集的允许面积

注：线性缺陷指长度比大于3的缺陷；小于1.6 mm的非密布缺陷可不计入缺陷总数；当不存在线性缺陷时，非线性缺陷的数量可增加到两者允许存在的总和；S为较大缺陷的尺寸。

在A区一般不允许进行焊补。深度不超过$t/40$（t为局部叶厚，mm）和4 mm两值中较大值的缺陷允许磨去。在特殊情况下必须进行焊补时，应采取特殊的工艺措施。

在B区仅从外观考虑的小缺陷应避免焊补。深度不超过$t/30$和3 mm两值中较大值的缺陷允许磨去。较大缺陷需进行焊补时，应采取完善的工艺措施。

在C区通常允许进行焊补，焊补工艺应符合规定。桨叶边缘的缺口如超过半径为15 mm的圆弧时应进行修补。桨叶边缘和表面的微小缺陷允许磨去修光。

对不严重的气蚀孔眼及凹陷，在不便焊补的情况下允许用环氧树脂等胶粘剂涂补或采用金属喷涂，使桨叶表面平整光顺。

对一般的裂纹，在限定的条件下允许用钻止裂孔的办法作为临时处理措施。螺旋桨有严重裂纹，已经多次大面积焊补修理而材料性能已发生较大变化，再修补难以保证质量时应考虑更换。

(2)螺旋桨的校正。

①冷态校正。在加热温度为205 ℃以下进行的校正为冷态校正。冷态校正适用于叶尖和桨叶边缘厚度小于30 mm处。在弯曲较小，截面较薄时可采用动荷载校正，否则应采用静荷载进行校正。

②热态校正。热态校正适用于所有情况，可用动荷载或静荷载。加热温度应通过校正处整个截面厚度，并维持到校正终止。

消除应力退火处理除镍铝青铜外，其他材料的螺旋桨在校正后应进行消除应力退火处理。

③校正后检查。螺旋桨经冷态或热态校正后都应进行目视和着色探伤检查，并对缺陷进行修整。

2. 根据勘验报告，制定船用螺旋桨故障维修方案

(1)船用螺旋桨故障维修方案：_____
_____

(2)所需要的知识、设备、工具：_____
_____

(3)小组人员分工(表4-14)。

表 4-14　工作岗位人员分工表

工作岗位	人员姓名
主修人员	
辅修人员	
工具管理	
零件摆放	
安全监督	
质量检验	
7S 监督	

三、实施船用螺旋桨故障维修方案

班级_____　　姓名_____　　学号_____　　日期_____

(一)学习与工作目标

(1)能够根据已制定的维修方案排除故障。
(2)能够总结排除故障思路并相互评价。

(二)学习与工作过程

(1)按照制定的故障维修方案维修船用螺旋桨。
(2)总结故障的排除思路。
故障的排除思路：_____。
(3)其他组的思路给我们的启示。
启示：_____。
(4)螺旋桨与尾轴的装配。
(5)螺旋桨的安装。

螺旋桨修理安装时，可以参照原装配线安装到位。对其周向位置有严格要求时，必须保证准确定位，如果需要对螺旋桨的轴向推入量进行重新校核确定时，应以螺旋桨和尾轴锥部的实际接触面积不小于理论接触面积的 70% 作为套合的起始点，一般可取总压紧力的 5% 作为起始压紧力，并应做好实船安装的检查线。

螺旋桨安装时注意事项：螺旋桨与尾轴装紧，并将螺母装妥后，必须装有可靠的防松装置。桨毂导流帽安装必须牢固，并有可靠的密封性。空腔内应注满石蜡等防腐材料。

四、船用螺旋桨故障维修完工检验

班级_____　　姓名_____　　学号_____　　日期_____

(一)学习与工作目标

(1)能够按照企业标准对船用螺旋桨维修结果进行检验。
(2)能够确认排除故障。

(二)完工检验及记录

1. 目视检查

螺旋桨经焊补、校正等修理后,应仔细检查修补区有无裂纹、气孔等缺陷。检查应在表面清洁、磨光至显出金属光泽后进行。

2. 无损探伤检查

(1)着色探伤检查应在螺旋桨修补区域进行。除此以外,还应在所有有疑问的地方进行,如桨叶叶尖、桨叶根部 R 位等。
(2)当怀疑螺旋桨内部隐藏着严重缺陷时,可用超声波或 X 射线探伤等方法进行检查。鉴于这些方法的局限性,检查结果不作为评判缺陷的最后标准,而用作与其他技术资料进行比较时的参考依据。

3. 粗糙度检查

(1)修理后螺旋桨表面粗糙度要求可按表 4-15 的规定降一级。
(2)机加工后轴孔的表面粗糙度,大、中型螺旋桨为 $Ra6.3~\mu m$;小型螺旋桨为 $Ra3.2~\mu m$。

表 4-15 新制螺旋桨表面粗糙度 μm

适用范围	螺旋桨规格	表面粗糙度 Ra			
		S级	1级	2级	3级
桨叶 $0.3R_1$ 截面向外的表面	中、小型螺旋桨	1.6	3.2	6.3	6.3
	大型螺旋桨		6.3		
桨叶 $0.3R_1$ 截面向内的表面	中、小型螺旋桨	3.2		12.5	12.5
	大型螺旋桨		12.5		
桨毂表面	大、中、小型螺旋桨	6.3			

注:R_1 为螺旋桨半径。

4. 螺距测量

通常采用常规螺距测量仪、三坐标激光扫描等方法测量螺距。

5. 几何参数检查

修理后螺旋桨的半径,螺距公差可参照新制螺旋桨技术要求适当放宽,但不应大于表 4-16 规定的数值(以设计值的百分数表示)。

表 4-16　螺旋桨几何尺寸公差

项目	S 级	1 级	2 级	3 级	说明
半径 R_i/%	±0.2	±0.3	±0.4	±0.5	导流管螺旋桨的公差在图样中规定
截面宽度 b	±1.5% 或 ±4 mm	±2.0% 或 ±7 mm	±3.0% 或 ±10 mm	±5.0% 或 ±12 mm	所列公差用直径除以桨叶数(D/Z)的百分数表示
局部螺距 P_i/%	±1.5	±2.0	±2.5	±4.0	—
截面螺距 P_n/%	±1.0	±1.5	±2.0	±3.5	为各 P_i 值的算数平均值
叶片螺距 P_b/%	±0.75	±1.0	±1.5	±3	叶片为等螺距时,为各 P_n 值的算数平均值;叶片为变螺距时,可取 0.7R 处的 P_n 值来衡量
总平均螺距 P/%	±0.5	±0.75	±1	±2.5	为各桨叶 P_b 的算术平均值
截面厚度 t(以被测点的百分数计)	±4.5% 或 0.5 mm～3.5% 或 −0.5 mm	±4.5%(或 1 mm)～3.5%(或 −1 mm)	±5%(或 1.5 mm)～4%(或 −1.5 mm)	±6%(或 2 mm)～5%(或 −2 mm)	应对 0.3R、0.4R、0.6R、0.8R 及 0.95R(或 0.9R)等 5 个截面测定,且每个截面不少于 3 点(特殊要求的螺旋桨按图样要求测量)
桨叶夹角 α/(°)	0.25	0.5	0.5	0.5	—
桨叶沿轴毂轴向位置(以直径 D 计)/%	±0.8	±1	±1.5	±2	测量各叶片中线上 0.6R 处沿桨轴方向上与轴毂端面距离的偏差
桨叶纵斜(以直径 D 计)	±(0.2%D+3 mm)	±(0.5%D+3 mm)	±(0.4%D+3 mm)	±(0.5%D+3 mm)	测量叶片中线上 0.3R 和 0.95R 处在桨轴线上的投影距离上的偏差
相邻桨叶轴向相对位置(以直径 D 计)	±0.8%	±1.0%	±1.5%	±2%	测量各叶片中线上 0.6R 处沿桨轴方向的偏差

6. 桨叶轮廓和导、随边形状检查

参照《船用金属螺旋桨技术条件》(GB/T 12916—2010)中 5.7 的边缘形状相关规定进行。

7. 静平衡试验

对额定转速超过 500 r/min 的螺旋桨可要求进行动平衡试验。

8. 完工检验记录

9. 根据所学知识，对船舶柴油机日常使用维护提出合理化建议

• 自我检验与提高

一、理论习题

（一）单项选择题

1. 螺旋桨失去平衡的根本原因是（　　）。
   A. 各桨叶变形不同
   B. 各桨叶缺陷不同
   C. 各桨叶缺陷分布不同
   D. 各桨叶质量不均

2. 螺旋桨的扭矩主要靠（　　）传递。
   A. 螺母紧固的预紧力
   B. 螺旋桨与尾轴锥体紧压配合摩擦力
   C. 键定位
   D. 螺旋桨转动产生的压紧力

3. 螺旋桨的缺陷主要发生在（　　）。
   A. 桨毂
   B. 桨叶
   C. 与尾轴的连接处
   D. 锥孔

4. 螺旋桨的穴蚀主要发生在（　　）。
   A. 叶背边缘　　　B. 随边　　　C. 叶面边缘　　　D. 导边

（二）简答题

1. 简述船用螺旋桨故障检查部位及内容。
2. 简述船用螺旋桨维修结果、检验项目及内容。

二、技能检验与提高

请对下面故障案例进行分析，确定故障原因，并制定出维修方案。

某单机单桨电力推进船舶，在航行过程中，主推进电动机控制板由于负荷突然增大而跳闸，启动后再次跳闸，检查机舱内轴系运转状态均正常，当即判断螺旋桨可能被异物拖住，经潜水员下潜勘验，发现螺旋桨被渔网缠绕，在现有条件下对渔网进行了清理。清理渔网后试航发现，虽然轴系负荷正常，但轴系振动明显增大，且不能确认渔网是否缠入尾轴承，从而影响轴系正常运行，因此决定船舶进修船厂进一步检查，排除故障。

• 任务考核表

评价模块	评价内容	评价等级	综合评价
自我评价(20%)	通过本次故障维修方案制定,我学到的知识点和技能点:_____		
	不理解的:_____		
	我认为在以下方面还需要深化学习,并提升岗位能力:_____		
组内互评(30%)	按时上课,工装齐备,书、笔齐全		
	安全操作,责任心强,7S管理规范		
	学习积极主动,合理使用教学资源,主动帮助他人		
	接受工作分配,有效沟通,高效完成工作任务		
教师评价(50%)	评语:		

学习笔记:

项目五　改造船舶防污染系统及设备

任务一　改造船舶压载水处理系统

📋 任务规则

工作任务	改造船舶压载水处理系统	教学模式	任务驱动
学时	6学时	教学场地	轮机综合实训室
任务描述	船舶压载水的无控制排放，对海洋生态、公众健康造成严重危害。国际海事组织(IMO)制定的《国际船舶压载水和沉积物控制与管理公约》（以下简称"公约"），对船舶压载水排放进行控制。根据"公约"提出的要求，某船舶所属船东现需对现有船舶压载水系统进行改造		
学习目标	1. 理解压载水处理系统的含义。 2. 了解压载水处理系统的类型及特点。 3. 掌握压载水处理系统的基本结构组成。 4. 掌握压载与排载工作流程。 5. 了解压载水设备安装的要求。 6. 能正确选用压载水处理系统。 7. 能对压载水处理装置存在的问题进行解决。 8. 树立安全意识和团队合作意识		
学习任务	1. 任务规划 （1）人员分组：每小组8~10人； （2）小组按工作任务作业表进行分析和资料学习； （3）小组经过讨论制定压载与排载工作方案，每小组选派一人进行方案讲解，经过全体同学讨论，确定最佳实施方案； （4）任务实施：制定压载与排载工作方案，对压载水处理系统安装与日常使用提出合理化建议； （5）自我检验与提高； （6）改造船舶压载水处理系统任务评分。 2. 相关资源 船舶压载水处理系统结构图纸、船舶压载水处理系统安装工艺文件等		

知识链接

一、船舶压载水系统概述

1. 压载水处理系统定义

船舶压载水处理系统就是对船舶排放到海里的压载水进行处理的装置,也称船舶压载水管理系统,英文简称 BWMS。其是指对压载水进行处理使其达到或高于"公约"第 D-2 条规定的压载水性能标准的任何系统。压载水管理系统包括压载水处理设备、所有相关控制设备、监测设备以及取样设施。

在船舶航行中,压载是一种必然状态。船舶在加装压载水的同时,海水中的生物也随之被加装到压载舱中,直至航程结束后排放到目的地海域。压载水跟随船舶从一地到另一地,从而引起了有害水生物和病原体的传播。压载水的无控制排放可能会对海洋生态系统、社会经济和公众健康造成危害。全球环保基金组织(GEF)已经把船舶压载水引起的外来物种入侵问题列为海洋四大危害之一。

为了更有效地控制船舶压载水传播有害水生物和病原体,国际海事组织(IMO)于 2004 年通过了《国际船舶压载水和沉积物控制与管理公约》。"公约"自 2009 年开始,规定所有新建船舶必须安装压载水处理装置,并对现有船舶追溯实施。"公约"对压载水的处理标准,即处理水中可存活生物的种类及数量做了明确规定(D-2 标准)。

2. 压载水处理 D-2 标准

压载水处理 D-2 标准见表 5-1。

表 5-1 压载水处理 D-2 标准

生物类型(Organism Type)	标准(Required Regulation)
最小尺寸大于或等于 50 μm 的存活生物 (≥50 μm minimum dimension)	少于 10 个/m³(<10 cells/m³)
最小尺寸小于 50 μm 但大于或等于 10 μm 的存活生物 (<50 μm and ≥10 μm minimum dimension)	少于 10 个/mL <(10 cells/mL)
有毒霍乱弧菌(O1 和 O139) [Toxicogenic Vibrio Cholerae (serotypes O1 and O139)]	少于 1 cfu/100 mL(菌落形成单位)或少于 1 cfu/g 浮游动物样品(湿重) [<cfu/100 ml, or<1 cfu/g(Wet Weight) of zooplankton samples]
大肠杆菌(Escherichia Coli)	少于 250 cfu/100mL(<250 cfu/100mL)
肠道球菌(Intestinal Enterococci)	少于 100 cfu/100 mL(<100 cfu/100mL)

3. 船舶压载水处理系统的安装时间表

船舶压载水处理系统的安装时间见表 5-2。

表 5-2　船舶压载水处理系统的安装时间

船舶类型 (Ship Type)	船舶建造年代/年 (Year of Ship Building)	压载能力/m³ (Ballast Capacity, m³)	执行标准 (Performance Standard)	执行日期/年 (Implement Date)
现有船舶 (Existing Ships)	<2009	<1 500	D-1/D-2	≤2016
			D-2	2017
		1 500～5 000	D-1/D-2	≤2014
			D-2	2015
		≥5 000	D-1/D-2	≤2016
			D-2	≤2017
新造船舶 (New Ships)	≥2009	<5 000	D-2	2009
	2009—2011	≥5 000	D-1/D-2	≤2016
	≥2012		D-2	2017
		≥5 000	D-2	2012

二、压载水处理系统的分类和选用

根据系统在压载水加装、储存和排放过程中工作时段的不同，可将压载水处理系统分为前处理式(压载水加装时处理)、中间处理式(压载舱中处理)、后处理式(排放时处理)以及这几种处理方式的组合。绝大多数处理系统对压载水首先采用过滤措施，但通过过滤一般只能去除大的有机体和杂质，并不能杀灭水生物，因此过滤只能是压载水处理系统普遍采取的辅助手段，上述系统分类没有考虑过滤环节。

迄今为止，已通过 IMO 和/或主管机关认可且已实际应用的压载水处理系统，主要为"前处理式"或者"前处理＋后处理式"两种形式。其他形式的压载水处理系统，如"中间处理式"或者"后处理式"等，世界上有几家正在开发，但目前尚未通过主管机关和/或 IMO 的认可或者尚未能商业化生产。

基于上述各种原因，目前，没有一个处理系统能对所有船舶都适用。为了更好地发挥各类压载水处理技术的优点，避免缺点，很多处理系统是基于两种或更多技术的组合。

实际上，压载水处理系统的选用是各种因素综合评估的结果。

在选择压载水处理系统时一般应综合考虑以下几方面的因素：

①船舶特点；

②处理系统特点；

③布置和维护；

④其他。

压载水处理系统的选用是各种因素综合评估的结果。在选择压载水处理系统时一般应综合考虑船舶特点、压载水处理系统特点、布置和维护等方面的因素。

(1)船舶特点。

①船型及其压载需求。在大多数情况下，船舶类型将成为选择合适的处理系统的决定因素。不同类型船舶的压载能力和压载泵流量差别很大，而船舶总压载能力、在任一港口所要求的压载水排放量和装载量也大不相同；有的船型对压载水的依赖性高，如油轮和散货船；有的船舶对压载水依赖性低，如集装箱船。压载依赖性高的船舶，通常在空载时(没有货物)要求全压载航行，其压载泵的设计通常要求在一定的时间内打进或排出全部压载水，以适应快速的港口周转时间。压载依赖性低的船舶，通常具有相对小的压载能力且几乎不进行完全压载航行(没有货物情况下)，其压载水操作很有限，往往是调拨，如从一舱到另一舱，调节纵倾和横倾，而不必在一定的时间内打进或排出全部压载水。

有的船舶可能包括两个或多个压载系统，如某些油船常有两套压载系统：一套在货物区域(危险区域)，另一套在机舱区域(安全区域)。有的船舶还利用喷射器(eductors)排放残余压载水。用于危险区域的压载水处理系统选择时应考虑其所在处所的危险级别，通常要求考虑防火防爆；而对于设有使用喷射器排放残余压载水的船舶，要求后处理的压载水处理系统对其可能并不适用。

②船舶航线。船舶的贸易航线也是选择处理装置的因素之一。目前，部分国家或地区对压载水管理采取了高于IMO标准的单边行动，对可能靠泊有单边排放要求的港口的船舶，应考虑符合其相关要求；对于不靠泊那些国家或地区的船舶，就不必选用更高处理能力的压载水处理系统；而对于很少至有特殊排放要求区域的船舶，从经济性角度考虑，则可考虑通过压载水管理的手段避免排放或者利用岸上设施。

水的浊度、盐度和泥沙含量对一些处理技术的功效或者维护有影响。如果经常靠泊港口的水中泥沙含量高，选择处理装置时则应考虑浊度和泥沙对处理系统的影响。如果经常靠泊内河港口或者盐度低的港口，选择处理装置时则应考虑盐度对处理系统的影响。

压载舱内沉积物(淤泥)的影响也需要考虑。由于淤泥本身含有入侵物种，会污染打进的压载水，这可能导致在压载水打进或排放时都要对压载水进行处理。要求后处理的压载水处理系统，通常不适用于利用重力排放压载水的船舶。

(2)压载水处理系统特点。

①证书要求。压载水处理系统应持有必要的证书。根据"公约"规则第D-3条规定，为符合本公约而使用的压载水处理系统必须由主管机关认可，使用活性物质的压载水处理系统还应由国际海事组织(IMO)根据其制定的程序认可。如对于采用机械法和/或物理方法的系统(没有使用活性物质)，应持有经主管机关验发的型式认可证书。对于使用活性物质技术(化学处理法)的压载水处理系统，除需持有主管机关签发的型式认可证书外，还应通过IMO的基本认可和最终认可。

②处理技术。各个压载水处理系统都有其基本特性。这些特性可能会对特定类型、航线或压载水流量的船舶有一定影响，也即对处理系统的适用性有一定影响。

基本处理方法和技术可分为机械法(过滤或分离)、物理消毒法(紫外线照射、气穴现象、脱氧等)和化学处理法(抗微生物剂和药剂)。

每种技术都有其自身特点,从而会影响对某条特定船舶的适用性。大多数处理系统都是采取上述的技术组合,以克服某一技术的缺点。

　　a. 机械法。该系统要求将全部压载水流经滤器、旋分器或者其他分离器。对于大流量压载水的情况,设备的尺寸可能会带来问题。如果设备是在压载水排放时使用,则大量滤出物必须保留在船,故会增加储存负担。

　　b. 物理消毒法。紫外线处理通常是在压载水打进和排放时进行,其有效性受到水的浊度的影响,水的浊度会影响光线的穿透能力。脱氧处理可能需要几天的时间才能保证对水生物的杀伤率,另外,压载舱一定要有密闭的通风系统且应被完全惰化。

　　c. 化学处理。加药量应该合适,通常能在几个小时内达到对水中生物的杀灭率,但压载水排放时可能还残留过量的药物,因此通常需要对水中药物进行中和处理,以确保对排放环境无害。另外如果压载舱中药物浓度过高,还有可能腐蚀压载舱壁。

③处理系统尺寸。通常,处理系统的处理能力应等于或略大于压载泵最大流量,而处理系统的处理能力直接决定了处理系统的尺寸大小。不同处理系统的形状和尺寸差别很大,某些处理系统需要从船舶压载管路安装支线管路,这种管路的安装影响甚至会超过处理系统本身的安装。对于新造船,可在设计阶段综合考虑处理系统的布置空间,对于现有船舶,由于空间有限,系统的安装将是一个挑战。此外,还应考虑给安装的处理系统留有合适的维护通道,包括梯子、平台、照明、吊车轨道、吊眼以及清洁内部部件及储存和处置消耗品的处所,处所(该处所也可以在机舱外)需要的消防系统和通风系统等。

④处理系统能力。通常选用压载水处理系统时,要保证能处理最大压载水流量的情况,但从减少压载水处理系统购买、操作和维护成本的角度出发,对于某些压载依赖度不高的船舶,可相对选用较小处理能力的系统。

⑤处理系统压降。安装某些压载水处理系统会导致压载水流量和压力下降。如某些自动冲洗滤器或旋分器,在去除滤出物时可能会损失10%左右的压头;使用紫外线杀菌技术的处理系统,压载水流将全部通过处理系统,背压会增加,从而影响到泵的流量,因此,会导致压载操作时间延长,同时消耗掉更多功率。因此,在选用处理系统时,应对系统使用时可能产生的压降进行必要的考虑。

⑥处理系统功率。选用压载水处理系统时,应考虑系统的功率消耗,特别是对现有船,额外功率要求是系统选用的一大制约因素。某些处理系统功率很大,如紫外线系统。某些现有船舶将不能承受过大的额外功率消耗,大功率设备也会增加不少操作花费。因此,选用系统时,应预先对船舶电站功率余量进行估算,确认现有发电设备能否满足附加的功率要求。

⑦防护等级及防爆。处理装置及其所用材料的防护等级(IP等级)以及防火等级应满足船级社对其安装在船位置的要求。应特别关注处理系统安装在危险处所时对设备的防爆要求,如安装在货泵间的设备必须是合格的防爆电气设备,但对于安装在机舱的设备,则没有防爆等级要求。根据中国船级社(CCS)《钢质海船入级规范》要求,压载水处理系统配套的电气设备应具有适当的外壳防护型式,且应与安装的场所相适应。对于油船、液货船和

其他载运危险品的船舶，安装压载水处理装置时应注意相关防爆要求。若安装在危险区域，则系统内电气设备应采用合适的防爆类型。

学习活动

班级＿＿＿＿　姓名＿＿＿＿　学号＿＿＿＿　日期＿＿＿＿

一、学习与工作目标

(1)掌握压载水处理系统的基本结构组成。
(2)掌握压载与排载的工作流程。
(3)明确压载水设备安装的要求。
(4)能对压载水处理装置存在的问题进行解决。

二、学习与工作过程

我国拥有自主知识产权的船舶压载水处理装置（BWMS）主要有青岛双瑞 BalClorTM BWMS、青岛海德威"海洋卫士 TM"（Ocean Guard）、中远集团"海盾"（Blue Ocean Shield）、上海海事大学研发的"新型船舶压载水处理技术与装备"、汉莫沃西工程设备（上海）有限公司研发的 AQUARIUS 船舶压载水处理系统。

下面以青岛双瑞 BalClorTM BWMS 为例进行介绍。

1. BalClorTM BWMS 对压载水的处理过程

BalClorTM BWMS 对压载水的处理过程分为"过滤""电解海水产生次氯酸钠杀菌""中和"三步。

(1)"过滤"：压载时，利用过滤精度为 50 μm 的自动反冲洗过滤器对所有压载水进行过滤，该步骤可以过滤掉尺寸大于 50 μm 的大部分的海生物及固体颗粒。

(2)"电解海水产生次氯酸钠杀菌"：从压载水主管路引一支路海水进入电解装置，电解产生高浓度的次氯酸钠溶液，该溶液经过除气后，回注入压载水主管路，同主管路压载水混合到一定浓度。该浓度的次氯酸钠能够有效杀灭经过滤后的残余的浮游生物、病原体及其幼虫或孢子等，达到规定的杀菌效果（D-2 标准），压载水管路中活性物质的浓度由 TRO 分析仪和控制系统自动控制。

(3)"中和"：当压载水排放中余氯浓度小于 IMO 规定值时，中和系统不启动，压载水直接排放；当压载水中余氯浓度大于 IMO 规定值时，中和系统自动启动，向排水管中注入中和药剂，中和残余的 TRO 残余氧化剂，中和剂量由控制系统自动控制。

2. 压载水处理系统的原理、工作流程和组成

(1)灭活-核心技术。电解单元从过滤后的压载水抽取总量 1%～2% 的水流电解，制取氯气和次氯酸钠溶液，同时通过除气装置将电解产生的氢气稀释到安全界限以下，排出舷外。氯气会溶于水并迅速产生次氯酸。

当海水进入电解槽后，电解反应机理如下：

阳极：$2Cl^- \rightarrow Cl_2 + 2e$

阴极：$2H_2O + 2e \rightarrow 2OH^- + H_2 \uparrow$

阳极产生的氯气能够迅速溶在海水中生成次氯酸和盐酸：

$$Cl_2 + H_2O \rightarrow HOCl + Cl^- + H^+$$

所以，总反应为

$$Cl_2 + H_2O \rightarrow NaOCl + H_2 \uparrow$$

次氯酸钠溶液作为一种非常有效的杀菌剂，可以在压载水中保持一定时间，并迅速有效地杀灭压载水中的浮游生物、孢子、幼虫及病原体。该技术已经在医学灭菌、自来水厂等水处理行业应用多年。

（2）工作流程，如图 5-1 和图 5-2 所示。

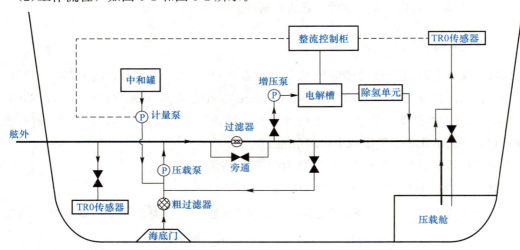

图 5-1 压载工作流程

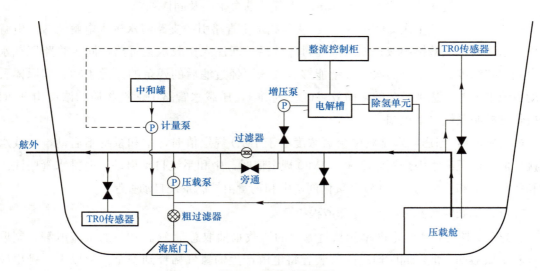

图 5-2 排载工作流程

(3)系统组成。

①过滤单元(图5-3),具有如下特点:

图5-3 过滤单元

a. 体积小,占地面积适中;

b. 单台处理量大;

c. 过滤面积大,过滤效果好;

d. 压头损失小,冲洗时不断流;

e. 适用于恶劣条件的海水过滤;

f. 可以实现压差、时间和手动控制。

②电解单元(图5-4),具有如下特点:

a. 整流设备选用开关电源,体积小,效率高;

b. 电解设备选用管板式电解槽,结实、耐用、电解效率高;

c. 处理水量增加时,电解模块体积变化很小;

d. 设备核心部件——电解槽寿命可达船舶全寿命期;

e. 具有核心部件的自主知识产权。

图5-4 电解单元

③中和单元(图5-5),具有如下特点:

a. 可实现手动和自动控制。

当排放的压载水中 TRO 浓度低于 IMO 规定值时,系统不启动中和单元,压载水排放到舷外。

b. 当排放的压载水中 TRO 浓度超过 IMO 规定值时,中和单元自动启动,向排水管中注入中和药剂,中和残余的 TRO,中和试剂的流量由控制系统自动控制。

图 5-5 中和单元

3. 根据压载水系统组成与安装工作流程,制定压载与排载工作方案

4. 压载水设备安装的要求

(1)设备位置要求。

①机械区域。如果压载水设备安装在机械区域,则要考虑留有一定的维护空间。如果是使用化学剂的设备,则应注意按"公约"对化学剂储藏的规定来储藏,即必须满足有关储藏容器的热源管理及换气要求。

②泵室。如在泵室安装设备,则要求处理设备和电气设备为防爆型。

③露天甲板。如果在露天甲板封闭一个区域来安装设备,对于普通货轮要注意其船舶总吨位的增加;而对于油轮、危险化学品散装货轮及液化气散装货轮,由于露天甲板是危险区域,因此要求压载水处理设备和电气设备是防爆型。

(2)管系的相关要求。

①一般要求压载水处理设备相关的压载管、化学剂注入管、取样管与主消防管兼用的管系的设计要按照 IMO 认证条件进行;要考虑易于清洗、检查、保养及操作;要确保淡水系统不能混入海水;如果设计压力超过 1.6 MPa,则管系要符合钢船测量与建造规范的规定;化学剂注入管的材料应为耐化学反应的物质;如果用非铁材料,则要符合钢船测量与建造规范的规定。

②特殊要求。对于油轮、危险化学品散装货轮,由于某些压载水舱与货物油舱相连,故存在被油污染的可能性,此类船舶中的压载水分为安全压载水和危险压载水两种。与货物油舱相邻的压载水舱的压载管,应与其他管道分开并不能通往机械室。如果艏尖舱的压载管与货物油舱相邻,则艏尖舱空气管道的开口应设置在离开火源 3 m 以上的露天甲板上,

并建立测量舱尖舱内可燃性气体浓度的检测管与移动式检测器。与货舱相邻的压载水舱，注水时可使用机械区域的压载泵，但须设置截止回阀；排水时也可使用机械区域的压载泵和泵室内的喷射泵，但须在压载泵与喷射泵之间设置止回阀。

(3)电气设备的相关要求。

①根据压载水处理设备安装位置不同，采取相适应的保护等级，如安装在危险区域须采用防爆型电气设备。

②要考虑不同的设备消耗的电力不同，以保证发电机容量足够。

(4)监控设备的要求。

①压载水管理系统控制部件用来监控和调节船舶压载水处理的量和程度或其他方面，这样可以做到不直接影响处理，但对必要的处理适当控制是必需的。

②压载水管理系统运行中控制设备应具有连续的自监控功能；监控设备应对压载水系统的正确功能和故障进行记录。

③控制设备应可连续记载数据至少 24 个月，同时在检查时可演示和打印；当控制系统更换时，更换前 24 个月的数据应保留在船上。

④建议船舶可通过控制设备中的测量设备检测漂流物、检查控制设备的可重复性和控制设备参数的归零能力。

(5)采样设备的要求。压载水管理系统配有采样设备，设备布置要使采集的船舶压载水样本具有代表性。采样设备无论何种情况都应位于压载水管理系统的进口、排放点之前。

5. 压载水处理装置问题及解决措施

(1)在油轮、危险化学品散装货轮上，能否将安全压载管与危险压载管进行连接，如能连接，舱尖舱正上方的舵机室应列为何种危险区域？

从国内外压载水处理设备实船使用情况来看，目前不允许将安全压载管与危险压载管连接。舱尖舱正上方的封闭区域可不视为危险区域，但必须采取下列措施中的一项：

①通往舱尖舱的进出口应直接从敞露甲板进出；

②从设于舵机室的气密入孔进出。入孔上要设置警告铭牌，其牌上内容：开启入孔前，必须确认舱尖舱中不存在可燃性气体，且必须切断设于封闭区域内的非防爆型电气设备的电源。

(2)在压载水排放过程中需测量压载水中剩余氯浓度时，能否将危险压载水导入机械室？

目前国内外压载水处理设备的处理方法一般是将压载水送入物理处理的过滤器等，去除 50 μm 以上的生物和垃圾。然后通过试剂等化学处理进行灭菌，并将处理过的水注入压载水舱。有的处理设备在向船外进行排水时，还需对压载水进行再处理和中和处理。在使用化学剂进行中和处理时，为了确定中和剂的用量，还须安装测量装置。在油轮、危险化学品散装货轮上，其泵室因其无法安装测量装置，可以设置在机械室内，如危险压载水需通过电气安全区域，必须满足以下要求：

①测量装置应尽量靠近舱壁，并由带气密门的坚固外罩来密封。

②舱壁开孔的内径不大于 12 mm。

③管道应用耐腐蚀金属材料。

④管道穿件两侧都要进行焊接。

⑤测量装置应尽量靠近舱壁,尽量缩短测量管的长度。

⑥在吸水管和回水管的解禁舱壁贯通部分在气体安全区域应设止回阀的警告牌。回水管在气体危险区域一侧应设置水封。

⑦可在靠近气体危险区域一侧的取样管上设置安全阀,并以高于安全阀开启压力实施水压测试;若无安全阀,则以高于压载泵工作的压力实施水压测试。

⑧取样管不应在安全区域内设有开口,取样后的压载水应回流至系统的一部分或压载水舱。

(3)当压载水处理设备被安装于独立的封闭区域内时,该区域在防火结构上如何分类?

该设备可视为与压载泵相同,属于"其他机械区域"。

(4)关于压载水处理设备的优先跳闸问题。

如果采取优先跳闸后能够迅速再启动的措施,则压载泵优先跳闸是可行的。对压载水处理设备,与压载泵做同样处理。

(5)能否在露天甲板上的机舱棚一侧设置压载水处理设备?能否在船员居住区域内或相邻区域内配置压载水设备?

从目前的研究来看,当压载水处理设备设置在气体安全区域时,在有机械通风装置的前提下,处理设备可存在于机械区和居住区。但对使用对人体和环境有影响的化学剂的压载水处理设备是不适宜的,应该按照活性物质认证的安装要求以及有毒化学货物运输的相关要求来另行研究。

(6)在压载泵与消防泵通用的情况下,能否设置旁通管,以便不经过压载水处理设备,可以设置旁通管。

6. 根据所学知识,对压载水处理系统安装与日常使用提出合理化建议

• 自我检验与提高

1. 什么是船舶压载水处理系统?

2. 根据系统在压载水加装、储存和排放过程中工作时段的不同,船舶压载水处理系统可以分为哪几类?

3. 选择压载水处理系统时一般应综合考虑哪几方面的因素?

4. 对压载水处理过程分为哪几步?

5. 压载水处理系统主要由哪几部分组成?

任务考核表

评价模块	评价内容	评价等级	综合评价
自我评价(20%)	通过本次船舶压载水处理系统改造方案制定，我学到的知识点和技能点：_____		
	不理解的：_____		
	我认为在以下方面还需要深化学习，并提升岗位能力：_____		
组内互评（30%）	按时上课，工装齐备，书、笔齐全		
	安全操作，责任心强，7S管理规范		
	学习积极主动，合理使用教学资源，主动帮助他人		
	接受工作分配，有效沟通，高效完成工作任务		
教师评价（50%）	评语：		

学习笔记：

任务二　改造船舶脱硫系统

任务规则

工作任务	改造船舶脱硫系统	教学模式	任务驱动
学时	4学时	教学场地	轮机综合实训室
任务描述	根据国际海事组织IMO颁发的"全球限硫令"规定，2020年1月1日以后进一步减少全球硫排放限额至0.5%，从2020年3月1日起，没安装替代设备SCRUBBER的船舶，将不被允许携带高硫燃油。为了应对船舶硫排放限制，某船舶根据MARPOL公约的要求，现确定安装船舶尾气脱硫设备		
学习目标	1. 了解船舶脱硫系统的应用背景。 2. 理解船舶脱硫系统的类型及其工作原理。 3. 掌握脱硫系统的选型内容。 4. 掌握脱硫系统的布置方法。 5. 掌握船舶脱硫系统管路的设计内容。 6. 根据船舶脱硫系统改造需求，能对原船结构进行改造。 7. 根据船舶脱硫系统改造需求，能对原船管路系统进行改造。 8. 树立安全意识和团队合作意识		
学习任务	1. 任务规划 (1)人员分组：每小组8~10人； (2)小组按工作任务作业表进行分析和资料学习； (3)小组经过讨论制定压载与排载工作方案，每小组选派一人进行方案讲解，经过全体同学讨论，确定最佳实施方案； (4)任务实施：制定主机脱硫塔改造工作方案、对压载水处理系统安装与日常使用提出合理化建议； (5)自我检验与提高； (6)改造主机脱硫塔任务评分。 2. 相关资源 主机脱硫塔结构图纸、主机脱硫塔改造工艺文件等		

知识链接

一、船舶脱硫系统的应用背景

船舶是当今国际贸易中最主要的货物运输工具，全球接近90%的贸易是通过海洋运输来完成的。运输船舶搭载的动力装置主要是燃烧重质柴油的主机，其在航行过程中排放出大量废气对大气环境造成污染。在人类与环境和谐发展的今天，人们对整个地球环境的保护越发重视。国际海事组织 IMO、各船级社及各主管机关出台了许多法规和规范来保护海洋环境。

自 2005 年 5 月以来，MARPOL 公约对船舶主机辅机的排放做出了严格的限量规定。MARPOL 公约要求减少如二氧化碳、硫化物、氮化物的排放量。MARPOL 公约在附则Ⅵ"防止大气污染"第 14 条"硫氧化物（SO_x）及颗粒物质"中，规定了硫排放各阶段的目标、实施的时间，以及 ECA 的相关要求，其中全球硫排放的控制目标如下：

①2012 年 1 月 1 日以前 4.5%m/m；
②2012 年 1 月 1 日以后 3.5%m/m；
③2020 年 1 月 1 日以后 0.5%m/m。

而关于 0.5%m/m 标准的实施，MARPOL 公约第 8~10 条"评审实施"要求根据实际情况进行评估，对此，在 IMO MPEC（70）会议上，对上述问题进行了讨论，并最终同意在 2020 年 1 月 1 日执行全球 0.5%m/m 的标准。

在 MPEC 第 58 次会议上，废气处理系统（脱硫设备等）被允许用来减少船上的硫化物排放。

目前可被用来减少硫化物排放的主要方式如下：
①使用低硫燃料油；
②使用天然气代替燃料油；
③引入废气处理系统，也就是我们经常说的脱硫塔。

对于现有船舶来说，使用低硫燃油的优点是安全和可靠性好，但后期的运营成本相对较高，由于低硫燃油的黏度低，故机器的燃烧性能随之降低，同时，低硫燃油的酸性低，气缸油中的碱性不容易被中和掉，会产生比以往更多的沉淀物。目前已经投入运营的船舶中，特别是近些年建造、目前仍在使用高含硫燃油的大型运输船舶，很多船主选择改造船舶，增设废气清洗系统（EGCS），即所说的脱硫塔改造。

二、船舶脱硫系统的介绍

1. 脱硫系统的工作原理

目前船上应用的脱硫装置主要是采用湿式脱硫法，即在洗涤塔内将雾化的海水或碱液与烟气混合，从而达到脱硫效果，一般分为开式、闭式和混合式三种形式。其特点分别介绍如下：

（1）开式脱硫系统。开式系统是利用海水通常呈碱性的特性来中和烟气中的废气中 SO_x 的一种脱硫系统。海水的 pH 值一般为 7.8~8.3，含有能中和 H^+ 的物质，如碳酸氢根、碳酸盐等，是海水对废气中 SO_x 洗涤的物质基础，另外海水中还含有大量的可溶盐、硫酸盐等，这些可溶解盐可与其酸式盐进行相互转换，所以海洋是一个具有天然碱度的巨大的酸碱平衡缓冲体。开式系统主要化学反应方程式：

吸收反应：$SO_2 + H_2O \rightarrow H^+ - HSO_3^-$（电离）

中和反应：$2H^+ + CO_3^{2-} \rightarrow H_2O + CO_2$

氧化反应：$HSO_3^- + 1/2O_2 \rightarrow HSO_4^-$

开式脱硫系统主要由洗涤塔海水泵、洗涤塔、进出口水质检测单元、控制箱、启动器，以及密封风机、烟气检测单元、稀释泵、洗涤水处理装置等组成(不同的系统的设备组成稍有差异)。

系统的工作流程：系统通过洗涤塔海水泵将海水输送到洗涤塔内对废气进行洗涤，洗涤烟气的海水作为洗涤水经洗涤塔底部排出后，经检验合格后再排出到船外；同时，通过烟气检测装置对洗涤后的烟气质量进行检测。图 5-6 所示为 Wartsila 公司开发的开式脱硫系统图。

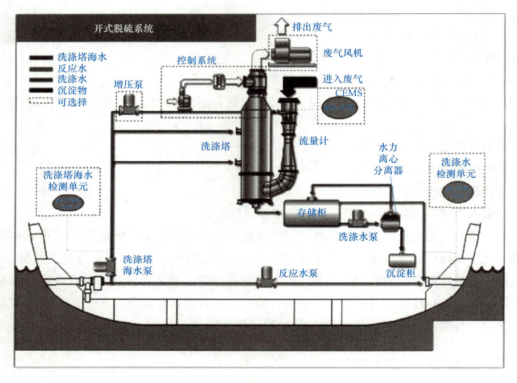

图 5-6 开式脱硫系统

当船舶航行的区域海水碱值满足脱硫要求，且其所航行的水域或停泊的港口允许达标的洗涤水在港口内进行排放时，可以选用这种操作简单且经济性比较好的系统。

(2)闭式脱硫系统。闭式循环的洗涤液体介质为海水或淡水，一般用于低碱性或淡水水域，以及不允许使用开式系统的区域。闭式循环通过在洗涤液体中添加高浓度碱液，完成对废气中 SO_2 的洗涤，恢复脱硫后洗涤水的 pH 值，即达到对废气中 SO_x 洗涤的目的。本系统中的洗涤液体可循环使用，对于排放要求比较高的海区，可以将洗涤水处理装置产生的残渣和处理后的洗涤水储存在船上的舱柜，达到零排放要求。

闭式系统用来调节洗涤水的 pH 值的碱性药剂一般为苛性钠或者氧化镁溶液；相对于

开式系统，闭式系统的组成更加复杂，除了洗涤塔、水质检测单元、烟气检测单元外，该系统还包括洗涤水循环舱，洗涤水冷却系统，洗涤水处理系统，碱液的注入、存储及加注系统，以及洗涤水和残渣的存储和排放系统。典型的系统构成可参见图 5-7 所示的 Wartsila 闭式脱硫系统。

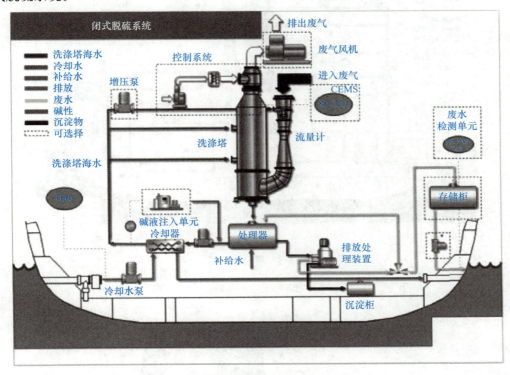

图 5-7　闭式脱硫系统

（3）混合式脱硫系统。混合式系统综合了开式系统和闭式系统的特点，在排放要求高的区域使用闭式系统，海水主要的作用是冷却洗涤水；其他区域，则使用开式系统，将海水作为洗涤水通过泵输入到洗涤塔内洗涤烟气，经检验合格后排出舷外。相比于只安装开式系统的船舶，安装混合式系统的船舶可以在更多的适航区域使用高硫油；相比于闭式系统，混合式系统可以降低运营成本。图 5-8 所示为混合闭式系统的系统图。

（4）其他脱硫系统。除了上述 3 种湿式脱硫系统外，目前在船上还有一些其他的脱硫系统，分别介绍如下：

①安德里茨干式脱硫系统。脱硫系统生产厂家安德里茨除了能生产湿式脱硫系统外，还有干式脱硫系统产品，其系统的主要构成和特点如图 5-9 所示。

②优拿大陶瓷膜尾气净化系统。优拿大陶瓷膜尾气净化系统是一种使用陶瓷膜分离技术实现尾气脱硫净化的系统。其尾气净化过程主要在陶瓷膜净化器内进行，船上燃烧装置产生的烟气通过排烟管进入陶瓷膜净化器后，其中 SO_x 被净化器内陶瓷膜管内的吸收剂捕捉吸收，从而达到脱硫的目标，其工作原理和系统组成如图 5-10 和图 5-11 所示。

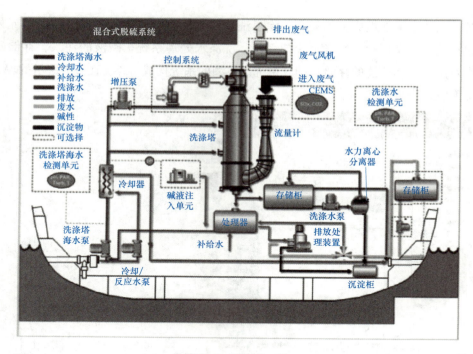

图 5-8 混合式系统

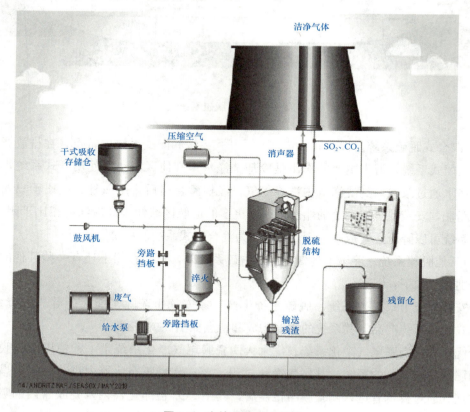

图 5-9 安德里茨干式系统

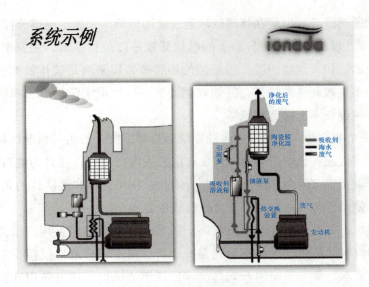

图 5-10　优拿大陶瓷膜尾气净化系统组成

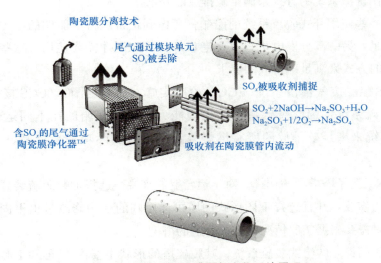

图 5-11　优拿大陶瓷膜尾气净化系统原理

三、船舶脱硫系统的设计

1. 脱硫系统的选型

（1）脱硫系统运行模式的选择。对于不同类型和不同航区的船舶，选择不同运行模式的洗涤设备非常重要。比如船舶永远在淡水区域航行或永远在禁止洗涤水排放的区域航行，只能选择闭式系统；如果船舶主要在近海航行并且经常在禁止排放洗涤水的区域或淡水区域航行，此时选择混合式比较适合；如果船舶经常在大洋航行，偶尔会停靠在禁止洗涤水排放港口，此时选择开式系统＋低硫油的方式就比较适合。

考虑到部分区域不接受脱硫装置的使用，所以无论选择哪种形式的脱硫系统，都建议船上保留低硫油舱的设置，以便在特殊区域通过使用低硫油来满足硫排放控制的要求。

（2）脱硫系统处理能力的确定。船上的燃烧装置一般包括主机、主发电机、港口/应急发电机、燃油辅助锅炉及焚烧炉等，当船舶使用脱硫装置来满足硫排放的控制要求时，除焚烧炉目前一般不连接到脱硫塔外，其他燃烧装置可以根据实际情况选择哪些燃烧设备连接到脱硫塔、哪些设备不连接到脱硫塔。

港口/应急发电机一般采用独立的供油系统，排烟系统一般也与机舱区域相独立或通过防火通舱件连接到烟囱，该燃烧装置一般仅在应急或港口运行，并且为港口/应急发电机配置洗涤系统还会涉及很多规范和法规的问题。因此，从可行性和经济性的角度来看，港口/应急发电机通过使用低硫油的方式来满足硫排放更合适。

对于燃油锅炉，如果正常航行中废气锅炉的蒸汽量能满足船上用户的需求，则燃油锅炉仅当船舶在港口时柴油机废气量不足时需要运行。由于很多港口仅接受使用低硫油来满足硫排放的控制要求，故如果使用开式系统，建议燃油锅炉不通过使用洗涤系统的方式来满足硫排放的要求。对于使用闭式系统或船舶正常航行中需要使用的燃油锅炉，从经济性考虑，建议使用洗涤系统的方式来满足硫排放的要求。

对于目前一些使用开式脱硫系统的船舶，考虑到正常航行中船舶的电力负荷通过部分发电机就能满足，另一部分发电机只有在港口卸货等工况才需要使用，这些发电机也有采取使用低硫油的方式来满足硫排放的要求。

根据《CCS船舶废气清洗系统（EGCS）检验实施方案的通函》，CCS接受按照实际最大功率配置脱硫系统，因此脱硫系统的处理能力可以根据船舶在不同运营工况下，需要使用脱硫系统来满足硫排放的所有燃烧装置的最大实际功率来选配，并考虑留一定的余量。

（3）脱硫系统洗涤塔塔型的选择。对于运营船舶来说，选择加装脱硫装置都会面对烟囱结构或多或少的修改，并且选择不同形式的塔可能面临的结构修改量也不同，因此，在做脱硫塔的选型时需要根据实船情况，选择合适的塔型。

对于目前使用最多的湿式脱硫系统，其脱硫塔的形状主要由 U 形和 I 形两种。图 5-12 所示为 U 形脱硫塔产品及主要尺寸，图 5-13 所示为 I 形脱硫塔产品及主要尺寸，在处理能力相同的情况下，U 形塔高度尺寸更小，而 I 形塔在长宽方向的尺寸更有优势。

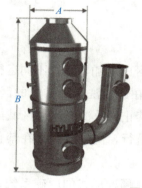

额定功率 MW	A mm	B mm
6	2 100	6 600
12	2 900	7 100
22	3 800	8 050
30	4 900	8 850
40	6 000	9 250

图 5-12　U 形脱硫塔外形及主要尺寸

另外，I形塔一般允许干烧，即洗涤塔内不注入洗涤水的情况下允许排烟通过，可以不设置排烟管路的旁通管路，能节省更多的布置空间，但塔的设计要考虑能承受烟气的高温，以及设置长时间干烧运行时塔的清洗装置；对于U形塔一般设置有旁通管路，有利于延长设备的使用寿命及检修。

额定功率 MW	A mm	B mm
6	1 900	7 169
12	2 700	8 487
22	3 600	9 983
30	4 600	11 706
40	5 600	12 830

图 5-13　I形脱硫塔外形及主要尺寸

2. 船舶脱硫系统的布置

运营船舶硫系统的布置，要完成主要设备的布置。主要原则：设备的布置首先要保证系统功能的完成；其次是尽量减少对原船结构、设备布置的影响，降低改装的工作量。

对于开式系统，脱硫系统的布置主要包括洗涤塔、洗涤水泵、水质检测单元，以及洗涤水排舷外口等的布置；对于闭式系统，还涉及Process舱、碱液舱、洗涤水储存舱、残渣舱的舱容计算及布置，洗涤水处理单元、碱液泵、洗涤水冷却器等设备的布置。

（1）洗涤塔。对于I形塔，因为其直接串联在原船排烟管路上，故一般布置在废气锅炉以后，再综合考虑排烟管路的布置，基本上就可以确定洗涤塔的位置。而对于U形塔，因为洗涤塔与原船排烟管是并联的关系，在高度位置上有一定的调整空间；在水平位置上，由于新增加了连接原船到洗涤塔的排烟管，因此在布置上还需要考虑排烟管的布置，尽量减少结构的修改量。

需要注意的是，由于脱硫塔洗涤水的排出属于重力泄放，因此一般脱硫塔厂家要求脱硫塔布置在载重水线以上一定的高度以保证水流通畅；另在选定海水泵以后，洗涤塔的高度还需要控制在海水泵压头的范围内（泵压头＞洗涤塔洗涤水进口的静压头＋管阻＋洗涤塔洗涤水进口处的最小压力）。

因此，洗涤塔的布置要综合考虑设备厂家对高度的限制、烟囱内设备和管路布置及结构修改等各方面的因素综合考虑，尽量减小修改后结构的外形尺寸。

（2）洗涤水泵。洗涤水泵的布置主要考虑取水方便，以及尽量减少管路布置。因此洗涤水泵一般布置在原船海底阀箱或新增加的海底阀箱附近。由于洗涤水泵一般为没有配置自吸装置的离心泵，因此在布置时要注意泵的高度，保证在各种工况下泵都能取到水。

（3）水质检测单元。水质检测单元分为系统进口处的水质检测单元和系统出口处的水质检测单元。进口处的水质检测单元布置在洗涤水泵的出口处，取样的水经过检测单元后通过取样口的下游又注入原洗涤水管路；洗涤水在塔内与烟气混合后会吸收烟气中的灰尘及其他PAH物资，并且有大量气泡，当其通过重力泄放直接经过系统出口处的水质检测单元时，由于水流不稳定和气泡的影响，容易导致检测结构出现偏差，因此，厂家一般为出口处的水质检测单元配置取水泵，在水质检测单元前设置缓冲器去除洗涤水中气泡，并且要求水质检测单元布置在压载水线以下,以保证取样结果的准确性。

(4)洗涤水排舷外口的布置。按照 IMO 的洗涤水排放标准,排舷外口 4 m 外的区域满足海水 pH 值需要大于 6.5,这样船上洗涤水排放管内的 pH 值就可以稍低一些(一些厂家反馈为 3～4),排出的洗涤水在 4 m 内的区域通过和海水混合,就能满足排放要求。为了提高洗涤水与海水的混合效果,满足排放要求,一般厂家要求洗涤水排舷外口需要布置在压载水线以下一定的高度(1.5～2 m,不同厂家的要求有差异)。如果设备有多个排舷外口,则各排舷外口需要保持一定的距离,并保证上述高度要求;为了避免洗涤水对排线外口附近的外板造成腐蚀,洗涤塔厂家一般推荐在排舷外口周围一定的船体外板做特殊油漆,油漆配套和外板油漆的范围注意参考厂家的推荐。

另外,洗涤塔水排线外口布置时要尽量远离海底阀箱及螺旋桨等,以免排出船外的洗涤水腐蚀螺旋桨和相关海水系统。

(5)闭式系统相关设备的布置。考虑到机舱空间限制及安装方便,闭式系统的设备除了洗涤水冷却水泵及碱液泵等布置在机舱内,其他设备一般在脱硫塔附近布置,如烟囱内洗涤塔底层或主甲板上的相应区域,还可以节省管路;对于相关仓柜的布置,则需要结合厂家提供的参数及船舶补给间隔时间确定,并考虑操作和管路布置方便等各方面的因素综合确定。

3. 船舶脱硫系统管路的设计

船舶脱硫系统管路设计,主要是船舶加装脱硫塔后新增加的管路系统的设计。对于开式系统主要是洗涤水系统和密封气等新增加系统的设计;对于闭式系统,还涉及碱液注入、驳运系统和洗涤水处理系统的设计。

(1)洗涤水系统管路的设计。系统管路的设计主要包括系统管路等级、管径、阀门、垫片及附件材质的选择等。洗涤水系统是指为脱硫塔供应洗涤烟气所需海水或碱液以及清洗烟气后的海水或碱液排放的系统;密封气系统为排烟管路上增加的隔离阀供应密封气的系统;而碱液系统是闭式脱硫系统中为碱液的加注、存储和注入洗涤水系统而设计的系统;残渣系统则是对闭式脱硫系统洗涤水 bleed off 部分进行处理后,产生的残渣进行存储和排岸的系统。

(2)碱液系统。碱液系统是闭式(混合式)脱硫系统所特有的管路系统,广义地讲包括碱液的加注(加注站到存储舱)、注入(从存储舱到洗涤水管路注入点)和存储仓的透气测深等管路。对于碱液系统,如果碱液为 NaOH 溶液,则加注和注入管路系统按照Ⅰ级管设计,管路材质选用不锈钢(常用 SUS316L),并需要按照规范要求在相关位置配置洗眼器和喷淋头;而当使用 $Mg(OH)_2$ 溶液作为洗涤水时,目前有船级社接受不作为腐蚀介质处理,可以不配置洗眼器和喷淋头,但管路系统还需要采用不锈钢材料(常用 SUS316L)。另考虑碱液的腐蚀性,其存储舱的透气和测深管路建议使用不锈钢管。

(3)残渣系统。由于脱硫系统产生的残渣不允许在船厂进行焚烧,因此,一般要求设置独立的脱硫系统残渣舱,仓容根据处理单元的设计参数及船舶的运行时间确定。当船上不配置焚烧炉对油渣进行焚烧时,也有船级社允许将脱硫系统的残渣舱与船上的油渣舱合并为一个舱,仓容要求同时满足两者的设计容量。而对于残渣系统,管路材质一般选择和洗涤水管路同样的 GRE。

(4)密封气系统。密封气系统也是脱硫系统所特有的系统。目前使用的脱硫系统，都是尽可能将船上所有的燃烧装置产生的烟气都引入同一个脱硫塔进行处理。为了避免燃烧装置烟气系统互相干扰，需要在各燃烧装置的烟气管路与脱硫塔之间设置隔离阀，该隔离阀一般为双阀盘，阀盘之间有空腔的特殊蝶阀，密封气的作用就是当阀门关闭时，向阀盘中间的空腔注入带有一定压力的空气，保证密封效果。在某些厂家的设计中，为了避免烟气与空气之间的温差导致烟气中的水汽冷凝造成腐蚀，在密封气进入隔离阀之前还会利用船上的蒸气（热油）加热系统进行加热。密封气系统一般由两台密封风机、阀门组成（由的厂家产品还包括加热器），管路使用一般的碳钢管即可。

(5)其他。脱硫系统的设计中还有一些需要注意的细节问题：

①流量计的布置。在洗涤水进入脱硫塔前的管路上，一般设置有流量计，为了保证流量计的测量效果，系统设计时一定要注意流量计前后直管段的要求。

②舷侧阀的遥控。根据各船级社规范的要求，非金属材料管路上的舷侧阀要求能在阀门安装的 SPACE 以外的地方控制，因为脱硫系统管路采用的 GRE 管也属于非金属管，因此也需要满足上述要求。目前阀门一般选用液压驱动的阀门，其远程遥控用的手摇泵一般布置在舵机室或其他与机舱隔离的舱室（消防控制站、空调机室等）。

③取样口的设计。为了保证取样准确，有些厂家对水质取样单元和烟气取样单元取样口的设计有特殊要求（图 5-14 和图 5-15），设计过程中应注意满足以下要求：

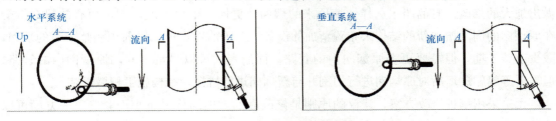

图 5-14　WMU 取样口设计

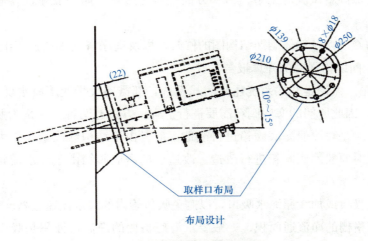

图 5-15　烟气监测单元取样口设计

④其他特殊布置要求。由于脱硫塔的洗涤水是重力泄放，为了保证排水畅通，一般脱硫塔厂家都要求脱硫塔洗涤水排除口保证一定的直管段(0～2 m)，其他如膨胀节的设置、排烟管的布置要求等要仔细阅读厂家的说明，按照要求设计，保证系统系统的工作效果。

学习活动

班级_____   姓名_____   学号_____   日期_____

一、学习与工作目标

(1)掌握原船结构改造基本要求和方法。
(2)掌握原船管路系统改造基本要求和方法。
(3)明确船舶脱硫系统改造要求。

二、学习与工作过程

1. 原船结构的改造

(1)烟囱结构。从各船型脱硫塔的选择中可以看出，除了个别选用了 I 形脱硫塔的船舶，仅需要对烟囱内部脱硫塔底座部分的结构进行修改外，大部分船舶的烟囱结构均需要做出加大的修改。有的船东选择切掉原来的烟囱，更换一个更大的烟囱，而有的船东接受在原烟囱的周围增加新的结构来布置新加的设备。对于前者，可以提前预制整个新的烟囱，减少改装工期，但需要更多原烟囱内的管路；而后者，可以尽量不改动原烟囱内的管路，但需要等船舶进厂后对原烟囱进行切割并与新烟囱进行拼接，结构施工稍微复杂。

无论采用哪种修改方案，建议的原则是修改后的烟囱结构尽量小而紧凑，一方面可以减少改装后的增加重量，避免对原船的重量重心、载重量等造成较大影响，进而需要修改更多图纸以及增加倾斜试验等工事；另一方面是避免影响原船的操纵性，避免影响驾驶室的视野等。

烟囱结构的修改涉及船体烟囱结构图的修改，以及洗涤塔底座加强图纸的增加，另外，ABS 要求提供烟囱结构强度的计算报告。

(2)海底阀箱。无论是开式系统还是闭式系统，都需要大量使用海水(闭式系统海水用来冷却洗涤水)，因此原船的海底阀箱需要进行扩容。方案有两种：一是为脱硫系统新增加一个海底阀箱；二是对原船海底阀箱进行改造。前者由于结构修改量比较大，因此目前使用较多的方案是对原船海底阀箱进行改造。改造后的海底阀箱由于海水流量增加，一般需要做如下修改：

①增加海水吸口或加大原海水吸口，以避免吸口管内的海水流速过高。
②增加海底格栅的净流通面积。一般要求海底格栅的净流通面积是吸口管总截面面积的 2 倍以上，对于冰区船舶要参考各船级社的要求。
③增大防海生物系统容量。

④修改吹除管路的设计，保证海底格栅清洁功能。

⑤如加大了海底阀箱的容积，还需要考虑增加牺牲阳极（锌块）的数量，保证对船体结构的保护。

⑥扩容后的海底阀箱还需要考虑在合适的位置增加透气孔和泥沙孔。对于新增加的海底阀箱，则考虑增加新的透气管及阀门，以及相应的吹除管路和防海生物系统。

以上修改需要在海底阀箱布置图中进行体现，并送审船级社。

(3)其他结构的修改。不同项目由于修改方案的布置，可能还会对其他区域的结构进行修改。如，一些烟囱和生活区布置在一起的单岛集装箱船，由于烟囱周围空间有限，布置脱硫塔不仅需要对烟囱进行改造，还可能对临近的生活区，甚至是载运集装箱的货仓区域进行改造；又或是一些船舶由于机舱空间有限，需要新增加结构或改变原结构来布置脱硫系统的海水泵。这些修改都需要单独出图，并根据船级社的要求进行送审。

2. 原船管路系统的改造

(1)排烟系统。排烟系统的修改是所有脱硫改造都会涉及的。采用不同的脱硫系统，排烟系统的修改也不相同。如有的项目仅主机排烟管里增加一个I形塔，其排烟系统修改就是将原来的消声器替换为脱硫塔；而有的项目选择4台柴油机中两台共用一个I形脱硫塔，排烟系统的就需要将两台柴油机的排烟连接到洗涤塔，并在各自的进塔管路中增加直通隔离阀；而有的船舶选择将所有的燃烧装置的排烟管路连接到一个U形脱硫塔中，这样各燃烧装置进塔的排烟管路上需要设置三通隔离阀，隔离阀的一个出口连接到洗涤塔的烟气总管，并一路连接到旁通管路上。

需要注意的是，从脱硫塔出来的烟气中含有酸性水雾，为防止排烟管路腐蚀，洗涤塔出口的排烟管路一般选择耐腐蚀的材料，有的厂家推荐使用和塔体一样的 SMO254 或等同材料，而有的船东则接受使用 SUS316L 材料。

以上修改需要在修改后的排烟管路系统图中进行体现，并送审船级社。另外由于增加的洗涤塔增加了排烟背压，因此各船级社还要求提供《排烟背压计算报告》。

(2)压缩空气系统。由于脱硫系统中一般都带有许多气动阀门，因此原船的压缩空气系统也需要进行相应的修改。在新增阀门所需气量较大，而原船空气系统气量不足的情况下，需考虑增加新的控制空气空压机、干燥器、空气瓶和减压阀等设备。

另外，当新增加了海底阀箱时，需要考虑为新的海底阀箱配置空气吹除管路和阀门（或者使用蒸汽）。

(3)机舱供水系统。部分U形系统塔厂家的洗涤塔设置应急冷却管路，即在洗涤水泵突然停止向洗涤塔供水的情况，通过应急冷却管路向洗涤塔烟气进口部分提供淡水，对烟气进行降温，避免损坏塔内部件，而有的洗涤塔设置淡水供应对它进行清洗。因此，无论是上述哪种设计，都需要对机舱供水系统进行修改。考虑到淡水消耗量，建议上述管路系统直接从淡水舱进行取水，避免淡水消耗量过大，对淡水压力柜—淡水泵这套系统造成冲击。

(4)海水系统。关于海水系统的修改，主要体现在一些利用原船海水泵作为稀释水泵的脱硫系统上。开始脱硫系统泵入洗涤塔的海水除了一部分用来吸收硫化物外,另一部分是用来降低排舷外洗涤水的 pH 值等,因此一部分脱硫系统的设计中常通过减少进入洗涤塔的海水、增加稀释水的方法来降低整个系统的能耗。此外,还可以通过使用原船的海水泵作为稀释水泵而进一步降低成本。这种情况下的海水系统的修改主要体现在选择合适的海水泵并与新增加的洗涤水系统相融合上,这种修改需要注意的是这种新增加功能不能影响海水泵原来的功能。

(5) CO_2 系统。对于烟囱结构容积有变动的项目,还需要核算对机舱 CO_2 系统的影响,以确定是否需要增加 CO_2 瓶的数量。

根据目前已经完成的一些项目来看,由于烟囱容积的增加,机舱区域 CO_2 瓶的数量需要增加,因此需要对 CO_2 系统进行改造,并且一般都是要求船东联系原船系统供应商来完成这些比较专业的修改。

(6)燃油系统的修改。对于部分燃烧装置使用脱硫系统来达到硫排放控制目标的船舶,需要进行燃油系统的修改。对于一般仅主机和发电机加装脱硫系统的船舶,燃油锅炉则需要使用低硫油来满足硫排放的要求。因此,为了避免误操作,导致船舶锅炉在控制区使用不满足要求的高硫重油,需要将燃油锅炉与原船高硫重油系统隔离开,断开原来的供油管路或通过增加眼镜法兰等方式。

对于仅部分发电机加装脱硫系统的船舶,则需要对燃油供应系统做出更多的修改,需要为不加装脱硫系统的发电机改造独立的低硫油供应系统,与原来设置了供油单元的供油系统相独立。

(7)其他系统的修改。除了上述比较大的几个系统的修改外,由于烟囱结构的修改还可能需要在烟囱内增加新的消火栓,在烟囱各平台及洗涤塔周围挡水圈内增加新的平台泄水管。上述这些内容可能涉及原船消防系统、平台泄水系统等系统的修改。

对于使用闭式脱硫系统的船舶,由于增加了一些仓柜,因此需要增加新的透气、测深管,以及液位遥测等设备;而根据《船舶废气清洗系统设计与安装指南》的要求,如从储存柜引出的管路被破坏,则会导致碱液逸出,故应在储柜上设有一个快速关闭阀,该阀除能就地关闭外,还应能在储存柜所在处所外易于接近的安全位置进行操作。上述这些内容又可能涉及原船的空气测深系统、液位遥测系统及速关阀系统等系统的修改。

3. 根据原船结构和管路系统改造工作流程,制定船舶脱硫系统改造工作方案

4. 根据所学知识,对船舶脱硫系统改造与日常使用提出合理化建议

● 自我检验与提高

1. 脱硫系统一般分为哪几种形式?分别具有什么特点?
2. 如何对脱硫系统运行模式进行选择?

3. 船舶脱硫系统主要设备的布置原则有哪些？
4. 船舶脱硫系统管路的设计主要包括哪些内容？

任务考核表

评价模块	评价内容	评价等级	综合评价
自我评价(20%)	通过本次船舶脱硫系统改造方案制定，我学到的知识点和技能点：_____ 不理解的：_____ 我认为在以下方面还需要深化学习，并提升岗位能力：_____		
组内互评（30%）	按时上课，工装齐备，书、笔齐全 安全操作，责任心强，7S管理规范 学习积极主动，合理使用教学资源，主动帮助他人 接受工作分配，有效沟通，高效完成工作任务		
教师评价（50%）	评语：		

学习笔记：

参考文献

[1] 中华人民共和国船舶行业标准. CB/T 3426—2013 船舶舵系舵叶修理技术要求[S]. 北京：中国船舶工业综合技术经济研究院，2014.

[2] 中华人民共和国船舶行业标准. CB/T 3427—2013 船舶舵系零部件修理和安装技术要求[S]. 北京：中国船舶工业综合技术经济研究院，2014.

[3] 中华人民共和国船舶行业标准. CB/T 3428—2013 船舶舵系统修理中心线定位及校中技术要求[S]. 北京：中国船舶工业综合技术经济研究院，2014.

[4] 中华人民共和国船舶行业标准. CB/T 3429—2013 船舶舵系统修理验收要求与提交文件[S]. 北京：中国船舶工业综合技术经济研究院，2014.

[5] 中华人民共和国船舶行业标准. CB/T 3636—1994 船用锅炉修理勘验技术要求[S]. 北京：中国船舶工业综合技术经济研究院，1994.

[6] 中华人民共和国船舶行业标准. CB/T 3378—2015 船舶冷藏、空调制冷装置修理技术要求[S]. 北京：中国船舶工业综合技术经济研究院，2016.

[7] 中华人民共和国船舶行业标准. CB/T 3679—1995 船用往复式液压舵机修理技术要求[S]. 北京：中国标准出版社，1996.

[8] 中华人民共和国船舶行业标准. CB/T 3682—1995 船用起货机修理技术要求[S]. 北京：中国标准出版社，1996.

[9] 中华人民共和国船舶行业标准. CB/T 3612—1994 柴油机主机整机安装质量要求[S]. 北京：中国标准出版社，1994.

[10] 满一新. 轮机维护与修理[M]. 2版. 大连：大连海事大学出版社，2013.

[11] 施祝斌. 船机检修技术[M]. 哈尔滨：哈尔滨工程大学出版社，2006.

[12] 时凤俊. 现代修船管理[M]. 北京：国防工业出版社，2008.

[13] 侯可军. 轮机金工工艺[M]. 大连：大连海事大学出版社，2015.